森羅万象（しんらばんしょう）に通じ、未来を視（み）る

陰陽道は、この世の裏側にある神秘のメカニズムを解き明かし、やがて起こりうる危機を見通す。平安時代の貴族たちは、日々の吉凶や行動指針を陰陽師に求めた。

安倍晴明像
東京国立博物館 蔵
TNM Image Archives 提供
10世紀に5人の天皇に仕えた安倍晴明は、藤原道長をはじめ多くの有力貴族と結びつき、陰陽師の地位を向上させた。

闇の力で魔を祓い、運命を操る

人口密集地帯だった平安京ではたびたび疫病が発生。また、闇に乗じて怪しげな者たちが流入し、複雑怪奇な事件や現象が多発した。目に見えぬ理不尽な死を目の当たりにした人々は呪術を求めた。

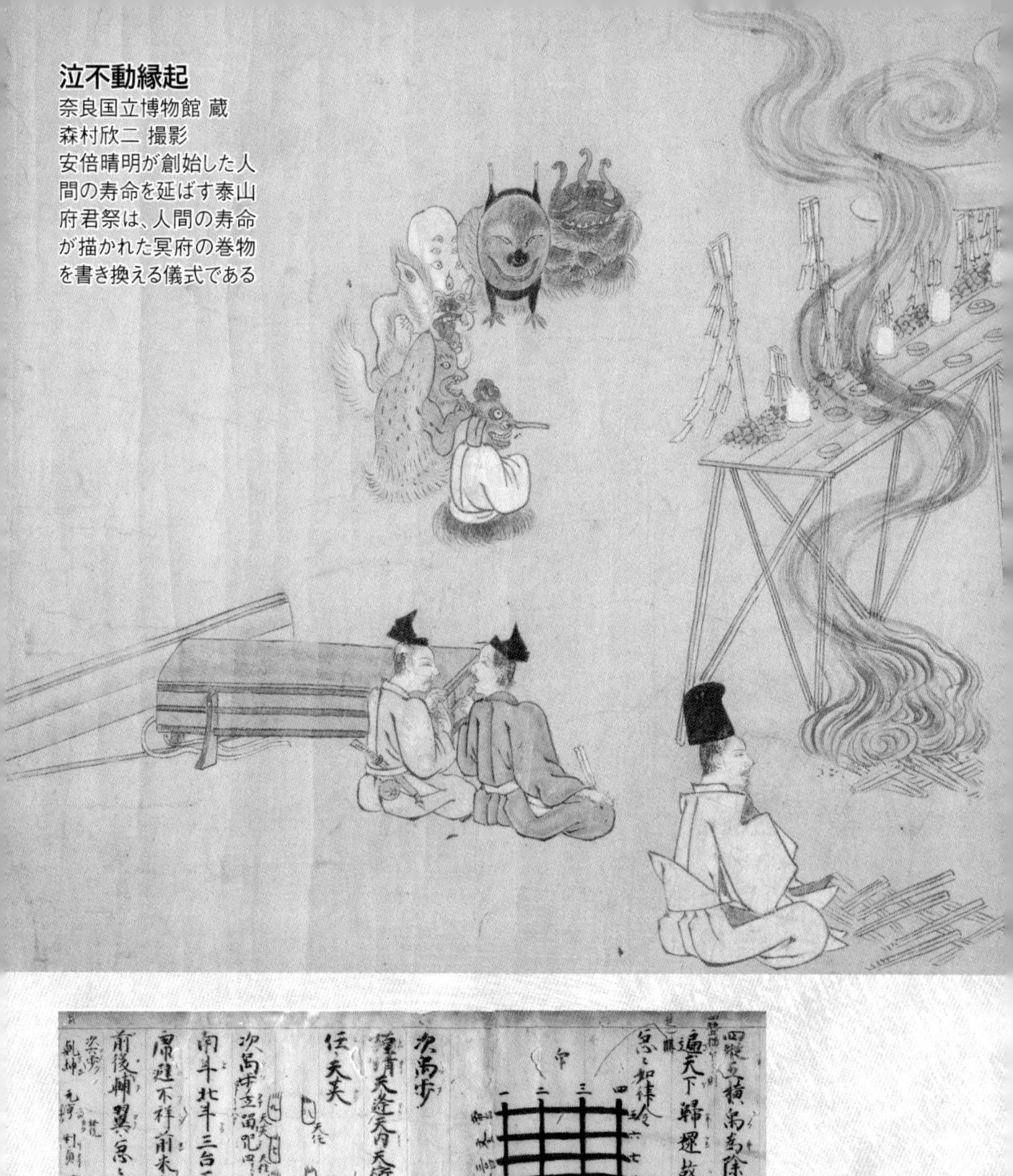

泣不動縁起

奈良国立博物館 蔵
森村欣二 撮影
安倍晴明が創始した人間の寿命を延ばす泰山府君祭は、人間の寿命が描かれた冥府の巻物を書き換える儀式である

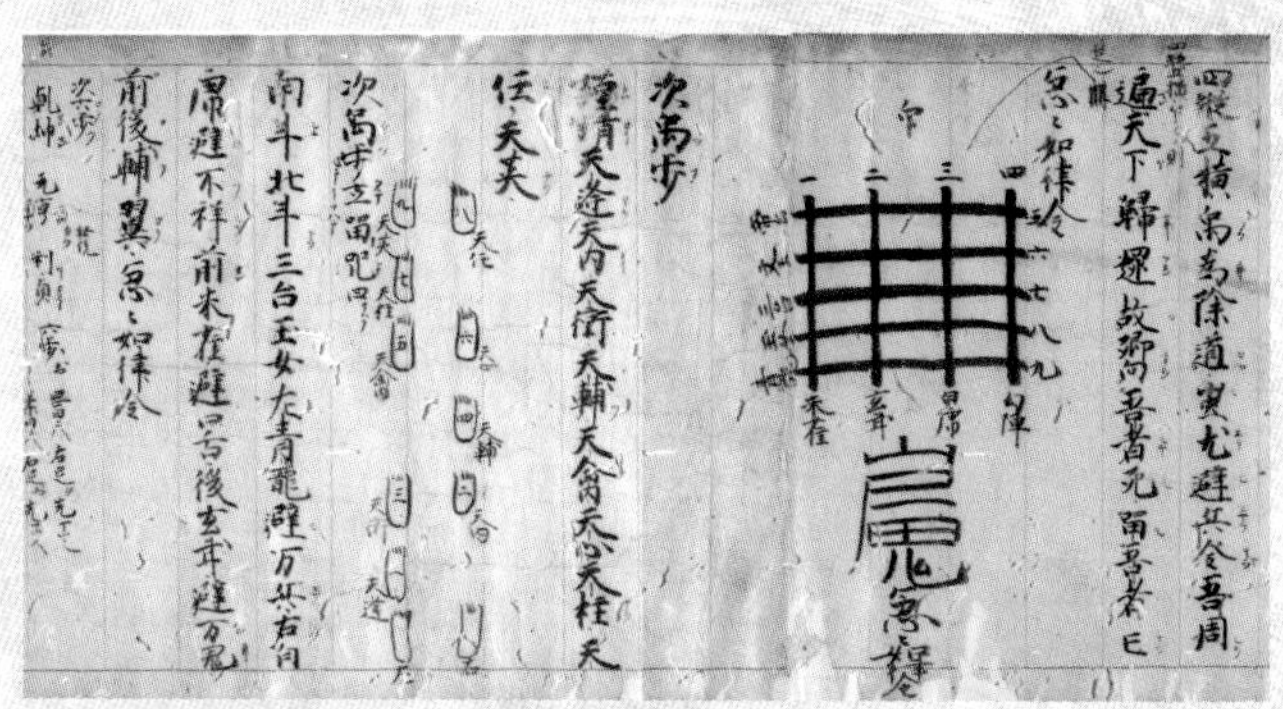

『若杉家文書』小反閇（しょうへんばい）作法　京都府立京都学・歴彩館 蔵
安倍晴明の末裔である土御門家に仕えた若杉家の陰陽道文書の一部。天皇や上級貴族が外出する際に心身を守る「反閇」のマニュアルで、陰陽道の呪文「急急如律令」、魔除けの「九字」、地を踏み魔を祓う歩行法「禹歩（うほ）」が解説されている。

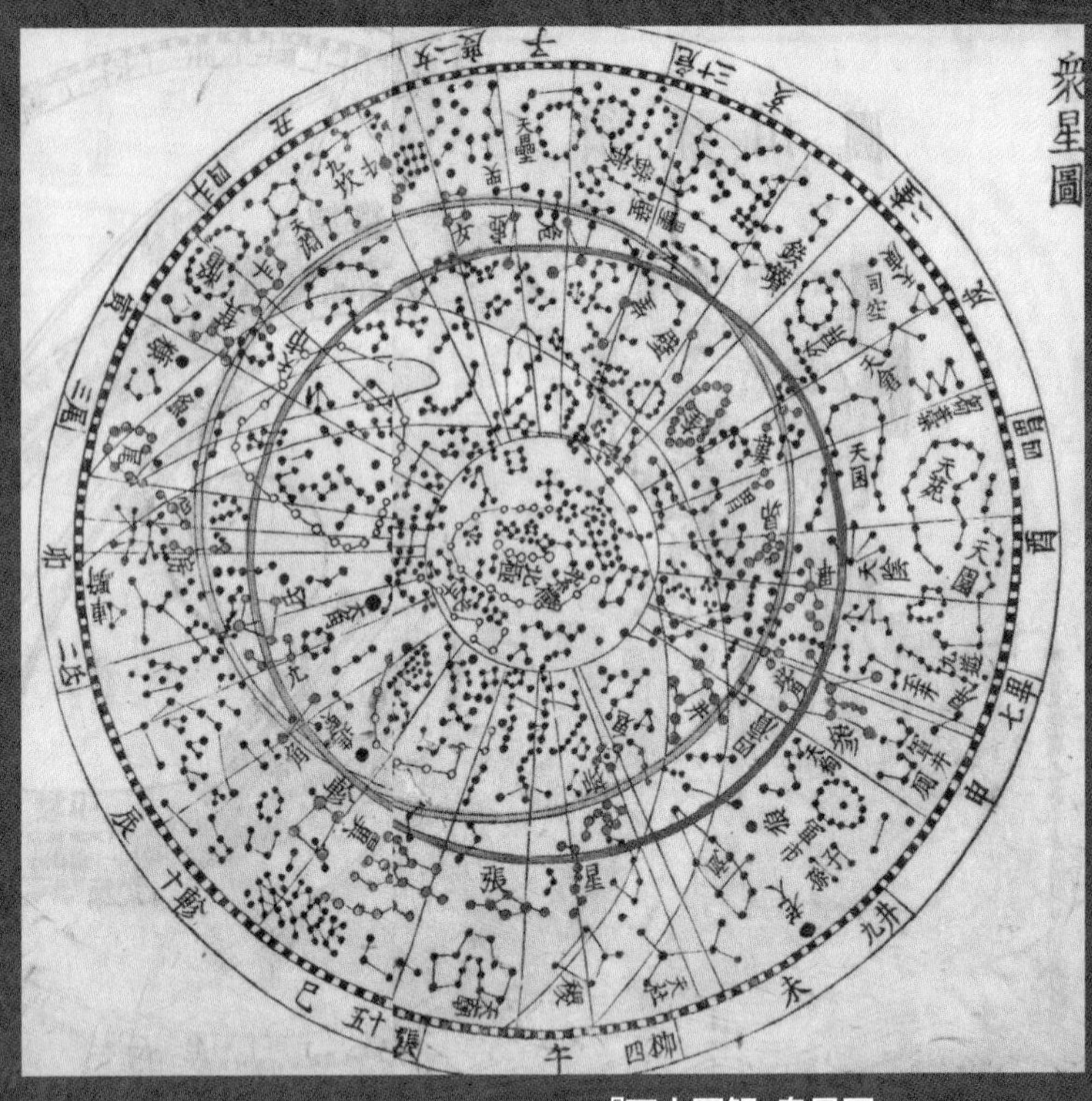

『天文圖解』衆星図
京都大学附属図書館 蔵
天文観測は日蝕や月蝕の日時を予測したり、1年間のカレンダーを作成する上で不可欠だった。西洋の星座とは異なる「星宿」と呼ばれる星座が北極星を中心に描かれている。

天の理(ことわり)を読み解く

天は地上と対(つい)を構成する世界であり、天変はやがて訪れる地上での異変の予兆とされた。陰陽寮では夜ごとに天文を観測し、ひとたび異常があれば、天文道の責任者である天文博士が、上級貴族や秘書官を通さず、直接天皇に報告した。

渾天儀(こんてんぎ)

国立歴史民俗博物館 蔵

中国で2000年以上前からあった天文観測の機器で、14世紀に改良された。水平線と子午線が固定されており、複数の環を回転させて星に照準を合わせ、高度や位置を観測した。

辟邪絵 天刑星

奈良国立博物館 蔵　森村欣二 撮影

天刑星は、天の星々を監視する神であり、陰陽道・道教・密教で信仰され、陰陽道では式神の根源とされる。天刑星は疫病を引き起こす疫鬼を喰らうため、疫病除けの神ともされる。

人々が恐れた禁忌の神々

陰陽道の神々は、この世の裏側にある神秘のメカニズムの管理者でもある。世界の摂理が滞りなく循環するよう、その相貌は険しい。こうした神々がいる方向や場所を犯すことは禁忌とされ、時として命を落とすと考えられた。

大将軍神半跏像
奈良国立博物館 蔵
矢沢邑一 撮影
陰陽道における方位の神々・八将神のうちの一神で、最も恐ろしい神とされる。大将軍神のいる方位を犯してはならないとされ、3年間動かないため「3年ふさがり」と呼ばれた。

春日権現記（部分）
国立国会図書館 蔵
左下に描かれた簡易的な烏帽子をかぶった僧侶は、陰陽寮非公認の民間陰陽師・法師（ほっし）陰陽師である。右上には病気をもたらす疫鬼が描かれている。

最先端の知識でもあった陰陽道は国家によって管理され、一部の特権階級によって独占された。陰陽道の恩恵を受けることができない下級貴族や庶民は、非公認の怪しげな民間呪術師たちを頼った。

民間で蠢（うごめ）く非公認の呪術師たち

陰陽師の日本史

監修
加門七海

宝島社

陰陽師の日本史 目次

第1章 なぜ安倍晴明は最強の呪術師になったのか

第2章

安倍晴明と平安時代

第3章

安倍晴明のライバルたち

第4章 陰陽道でひもとく闇の日本史

第5章 闇の世界にアクセスする陰陽道の奥義

第6章 現代に受け継がれる陰陽道

第7章
陰陽道ゆかりの神社仏閣を巡る

なぜ安倍晴明は最強の呪術師になったのか

史料から読み解く安倍晴明の実像

藤原道長と紫式部が生きた時代

陰陽師といえば、安倍晴明の名を思い浮かべる人が多いだろう。晴明の生年の記録は残っていないが、没年である寛弘2年（1005）から逆算して延喜21年（921）に生まれたと考えられている。晴明が活躍した時代は、藤原道長が朝廷で権力を掌握していく時代であり、世界最古の長編小説『源氏物語』を著した紫式部が生きた時代とも重なる。10世紀後半は藤原氏が摂政（幼少の天皇に代わって政務を代行する役職）、関白（成人した天皇を補佐する役職）を独占する摂関政治が形成される時期であり、藤原一族によって朝廷のトップが固定化したことで、権力簒奪を目的とした戦争が起きない安定した時代を迎えることとなる。しかし、戦争がなくても人々の嫉妬や野心が衰えることはない。こうした中で、呪術へのニーズが飛躍的に高まった時代でもある。

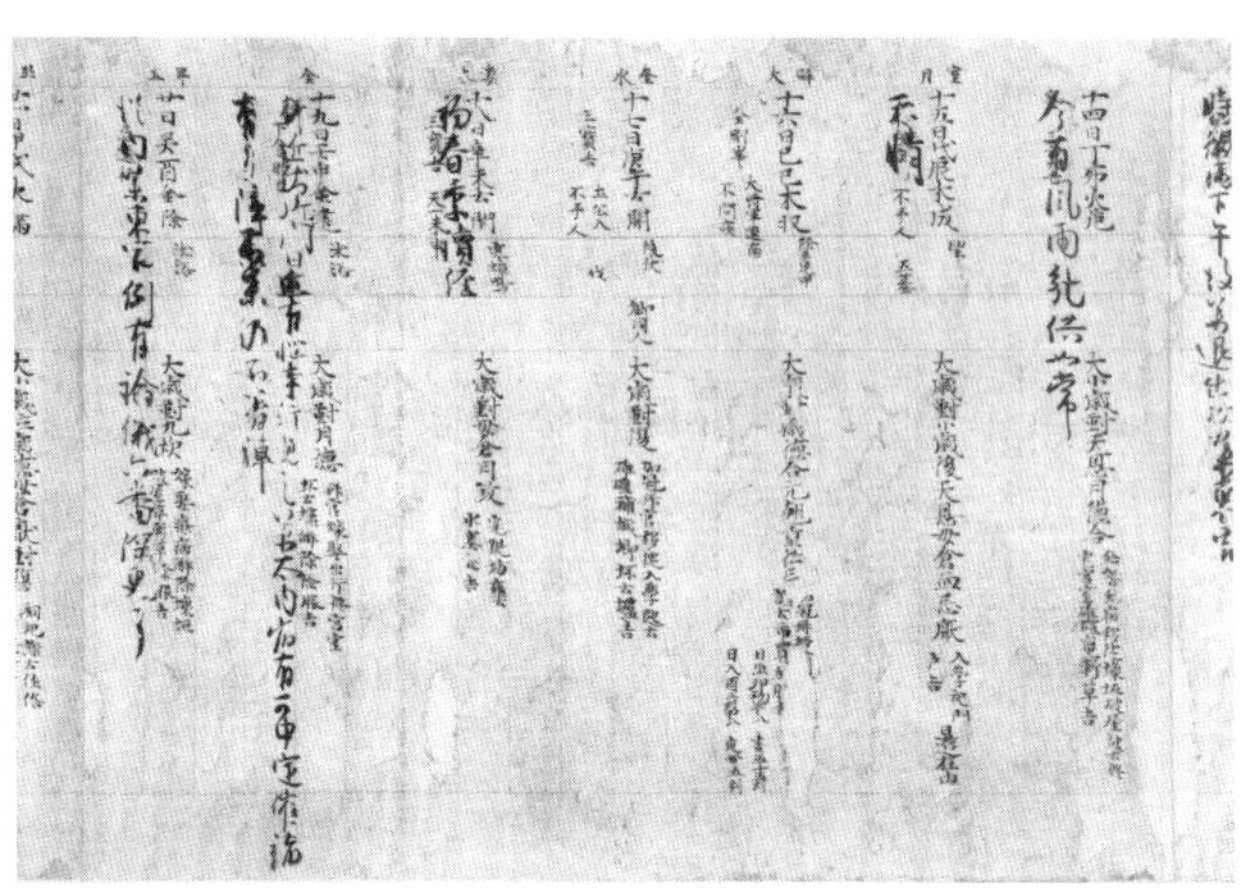

『御堂関白記』(写本)　国立国会図書館 蔵
藤原道長の日記であり、「いつ」「誰が」「どこで」書いたのかが判明している一次史料。当時の出来事を知る上で貴重な文献となっている。

小説や映画などで描かれる晴明は、式神と呼ばれる神霊を操り、呪術を用いて難事を解決する、いわば「日本版の魔法使い」といった伝説的な人物として知られている。これは現代の創作物に限ったことではなく、平安時代からさまざまな説話集(昔話や噂をまとめた本)に超人的なエピソードが記されている他、浄瑠璃や歌舞伎などのキャラクターに用いられた。こうしたことから晴明のエピソードには後世の創作や脚色が多い。

晴明が行った事績や数々の呪術は、『御堂関白記』(藤原道長)、『権記』(藤原行成)、『小右記』(藤原実資)といった一次史料に記されている。当時の史料から晴明の実像を見てみよう。

40歳で研究生となった遅咲き陰陽師

史料から確認できる晴明の最初の記録は、晴明の子孫である土御門家の家司（家内管理をする役職）だった若杉家に継承された『若杉家文書』にある（21ページ参照）。これによると、天徳4年（960）の記述に「天文得業生 安倍晴明」とある。天文得業生とは、陰陽道を司る役所である陰陽寮で、天文を学ぶ学生の中で成績優秀者に与えられる身分で、いわば給料つきの研究生のような立場である。10人いる天文生のうち、2〜3人が選ばれ、天文博士の後継者として養成される。晴明が天文得業生となったのは40歳のことで、当時の貴族の平均寿命は50歳程度と考えられていることからすると、官吏としては遅咲きということになる。

陰陽寮に入るまでの晴明の逸話はさまざまな説話集などに記されているが、当時の貴族の日記や史料などに若い頃の晴明の記述はなく謎に包まれている。建保7年（1219）の説話集『続古事談』には、晴明が陰陽寮に入る以前に大舎人だったとある。大舎人は宮中の警備や雑事を行う下級官吏で、当時約400人いた。晴明が陰陽寮に入った経緯はわかっていないが、40歳で天文得業生になったことを考えると、大舎人だった可能性も否定

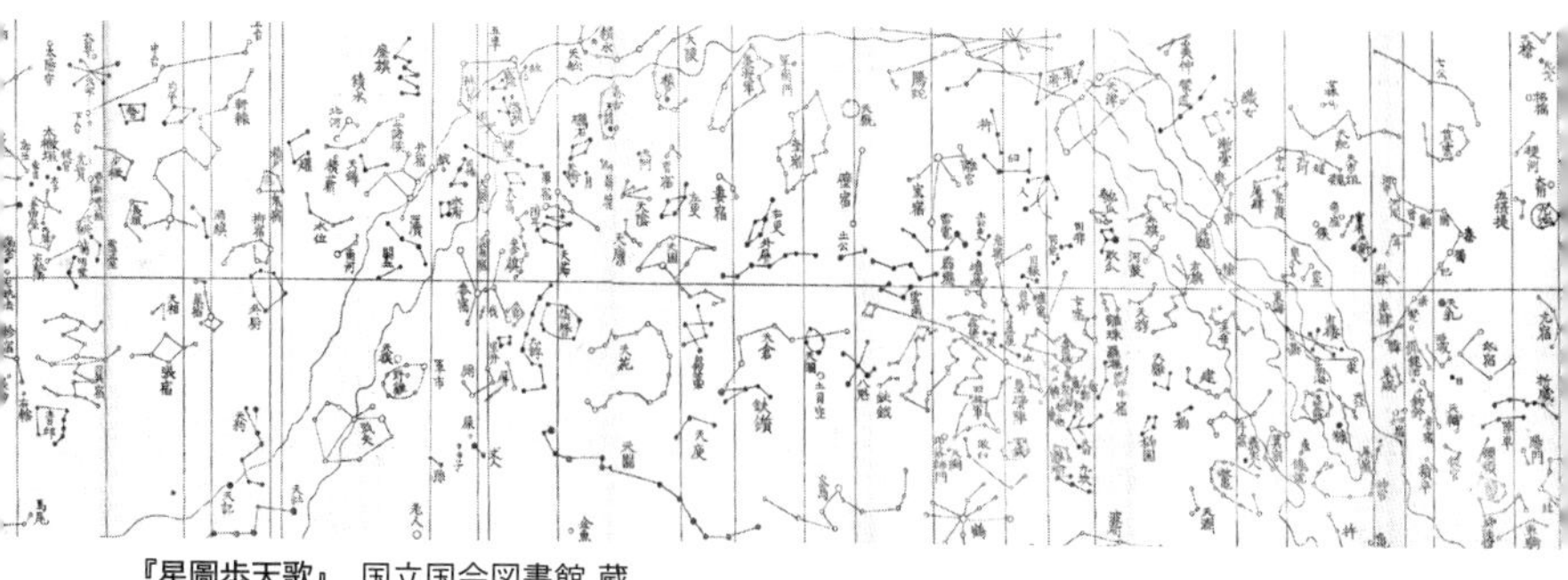

『星圖歩天歌』 国立国会図書館 蔵
江戸時代に書かれた星図。『歩天歌』は隋（581〜618年）の時代に書かれた天文書である。こうした星図を元に天文博士や天文生たちは観測を行った。

できない。天文得業生となった晴明は、非凡な才能を発揮するようになり、その後は順調に出世する。

晴明が陰陽師になったことが確認できるのは、康保4年（967）のことである。この時、晴明は47歳であり、40歳を過ぎてようやく陰陽寮の学生から陰陽師としてデビューしたことになる。当時の公卿・平親信（たいらのちかのぶ）が記した『親信卿記（ちかのぶきょうき）』には、52歳の晴明の肩書きが陰陽師より1ランク上の天文博士として記されている。天文博士は、天文の観測を行う責任者であるとともに、天文生10人を教育する。天文の異変は、神からの凶事に対する警告と考えられた。もし天文に異変があれば、天文博士は、天皇に直接報告（天文密奏（みっそう））できる役職である。天文博士は陰陽寮に属する役職だが、その長官である陰陽頭（おんようのかみ）を通さずに直接摂関に報告できる立場であり、ここから晴明は天皇に近い存在となる。

天皇に重用され死後に神となる

貞元2年（977）、陰陽道の大家である賀茂保憲が没する。57歳の晴明は陰陽道の長老として存在感を増すようになる。晴明は陰陽頭に就くことはなかったが、天皇直属の機関である蔵人所に伺候（側近くで仕えること）する陰陽師となる。この役職は近年、「蔵人所陰陽師」と呼ばれるようになった。蔵人とは天皇の秘書官のことで、蔵人所は秘書室に当たる。蔵人所陰陽師は天皇の代替わりごとに任命される役職で、65代花山天皇から66代一条天皇に譲位が行われた寛和2年（986）に晴明は蔵人所陰陽師となったと考えられる。一条天皇が即位したのはわずか7歳の時であり、摂関を独占した藤原氏は天皇の外戚でもあったため、藤原氏とも深くつながることになる。

道長の日記である『御堂関白記』には、寛弘2年（1005）2月10日、夜7時に道長が東三条の新居に引越をしようとしたところ、晴明が遅刻したため、新宅作法（家に宿る神々への神事）がなかなか行えなかったこと

『吉川家文書』鎮宅祭次第
国立歴史民俗博物館 蔵
陰陽道では、新居を災厄から護るお祓いの儀式とともに、方位や雪隠（トイレ）、井戸の神々を鎮める呪符を用いた。

が記されている。家に宿る神を怒らせると重病などの不幸を招くとされた。そのため、道長は晴明が来るまで引越を行えなかったといわれる。時の権力者を待たせても許されるほど、晴明は信頼されていたことになる。この他、天皇や皇族が行幸（宮中から外出すること）する際には、晴明が反閇（へんばい）と呼ばれる心身守護の呪術を施したり、一条天皇や藤原氏の有力貴族のために病気退散などの祭祀を行っている。

『小右記』には晴明には吉平（よしひら）と吉昌（よしまさ）という2人の息子がいたことが記されている。吉平は晴明と同じく一条天皇や道長から重用され、寛弘元年（1004）に陰陽頭となった。翌年、晴明は当時として異例の長寿である85歳で没した。

一条天皇は晴明の死を悲しみ、晴明の死の2年後、その偉業を讃えるために晴明の屋敷跡に神社を創建したとされる。これが晴明神社（京都市上京区）である。

晴明神社（京都市上京区）
寛弘2年（1005）に没した安倍晴明の偉業を偲び、一条天皇の命によって晴明の邸宅跡に晴明神社が創建されたと伝わる。

安倍晴明が大陰陽師となった理由

陰陽道をリードした賀茂忠行・保憲親子

陰陽師の代名詞的な存在となっている安倍晴明だが、晴明とともに10世紀の陰陽道をリードし、陰陽道のその後の発展に大きな役割を担ったのが賀茂保憲である。賀茂家は修験道（日本古来の山岳信仰に神道・密教・道教などが加わった信仰）の開祖・役小角の流れを汲む一族で、保憲の父・賀茂忠行は晴明の師とされる。晴明は忠行の息子の保憲とともに陰陽道を学ぶことになり、2人は兄弟弟子ということになる。保憲は晴明の4歳年上で2人は同世代だが、遅咲きの晴明と異なり陰陽道のエリート街道を進む。

保憲は、暦道のトップ・暦博士、天文道のトップ・天文博士を歴任し、陰陽寮の長官である陰陽頭になる。源経頼の日記『左経記』には、「当朝、保憲をもって陰陽の規模（手本）と為す」とあり、陰陽道の重鎮となりながら、陰陽頭にならなかった晴明とは対照的である。

保憲は晴明の兄弟子であるとともに師でもあった。保憲は、それまで賀茂家で独占していた天文道と暦道のうち、天文道を晴明に、暦道を保憲の子の光栄（みつよし）に伝える。晴明が天文得業生を経て天文博士となったのは保憲の後押しがあってのことだ。光栄は晴明よりも18歳も年下だが、老練な晴明と渡り合った。その後、陰陽道のうち天文道は安倍家が、暦道は賀茂家が継承する体制となった。そして、晴明の死後には、陰陽頭と陰陽助（おんようのすけ）（陰陽寮の次官）は安倍家と賀茂家が独占することになった。

安倍晴明が行ったメディア戦略

保憲の陰陽道における貢献や実績は晴明と遜色はなく、役職においては晴明を上回っている。ところが、今日では陰陽師といえば晴明のイメージが強い。なぜ晴明は陰陽師の代表格となったのか、その理由を見てみよう。

一つ目は、晴明がメディア戦略に長けていた点だ。陰陽道をリードした保憲は貞元2年（977）に61歳で亡くなる。すると晴明は賀茂家にリードされた陰陽道界において巻き返しを図った。保憲の死の2年後の天元2年（979）、晴明は『占事略決（せんじりゃっけつ）』という占術

『占事略决』
京都大学附属図書館 蔵
安倍晴明はそれまで門外不出となっていた占術の知識をまとめて公開した。占術の専門家として、晴明の名は広まった。

指南書を記した。それまで、占術に関する書物は門外不出とされ、賀茂家をはじめとする有力な陰陽師の一族が管理していた。晴明はこうした秘伝を公開したのである。これによって、陰陽師としての晴明の名が貴族の間で広く知られるようになった。晴明はまずメディア戦略を通じて、自らの知名度を上げたのである。

呪術師としての安倍晴明の誕生

二つ目に挙げられるのが、晴明が呪術に重点を置いたことである。陰陽寮には「陰陽道」の他にも「天文道」「漏刻」「暦道」の部署があり、呪術は陰陽道の一部分に過ぎなかった。むしろ陰陽寮では、天文・暦・時刻を読み解くことで物事の吉凶を占うことが主な仕事だった。ところが延暦3年（784）、50代桓武天皇が奈良の平城京から長岡京への遷都を行うと凶事が頻発した。そこで桓武天皇が陰陽師に占わせたところ怨霊の仕業と判明し、鎮魂の祭祀を執り行わせた。この事件が契機となり、陰陽寮の仕事として呪術の割合が増えていった。こうした呪術へのニーズの高まりを晴明は重視したのである。説話集『続古事談』には、「晴明は術法の者なり。才学は優長ならず」とある。つまり、晴明は保憲のように陰陽道全般に深く精通したのではなく、呪術に特化したスペシャリストだったようだ。このことは晴明が一条天皇や藤原道長に重用される一方で、陰陽頭にならなかったことからもうかがえる。

寛和2年（986）に蔵人所陰陽師となった晴明は、病弱な一条天皇のために新たな儀式をつくり出して翌年に執り行われた。それが、陰陽道の最高秘術とされる泰山府君祭（たいざんぶくんさい）である。泰山は死者が向かう山とされ、そこにいる神・泰山府君は人間の寿命を記した巻物を持っているとされる。泰山府君祭は、泰山府君を祀（まつ）ることでこの巻物の記述を書き換える、というものである。

この泰山府君祭の記録は、長保4年（1002）にもあり、公卿の藤原行成のために行われた。この時、晴明は82歳である。当時の平均寿命を大きく超えて高齢だった晴明が行う、延命長寿の呪術はリアリティを持って受け止められたことだろう。この泰山府君祭は安倍家のお家芸としてその後も脈々と受け継がれていく。

自らの功績を誇張して記録する

最後に挙げられるのが、自らをブランディングした点である。天徳4年（960）、御所で大規模な火災が発生し、大刀契と呼ばれる2本の霊剣が焼失した。大刀契は三種の神器に次ぐレガリア（王権を象徴する宝物）で、歴代の天皇に継承されたものである。霊剣には、太陽や月、北斗七星、南斗六星、東西南北の霊獣・四神などが刻まれていた。そのため、天文の専門家である天文博士の保憲に復元が命じられた。そして、天文得業生である晴明も保憲とともにこの復元プロジェクトに携わることになった。

土御門家に仕えた若杉家に伝わる2000点以上もの『若杉家文書』には、晴明が自らの功績を「盛った」と考えられる箇所がある。『若杉家文書』の「大刀契事」には、「天文得業生　安倍晴明」の名とともに、「晴明　即ち造るなり」とある。つまり、皇位継承のレガリアである大刀契は晴明が復元したというのだ。しかし、一介の研究生である天文得業生だった晴明が、大刀契の復元の中心的役割を担うことは不自然であり、総責任者の保憲の補佐役だったというのが実態だろう。藤原宗忠の日記『中右記』には、長徳4年（998）にこの時の霊剣復元について聞かれた晴明が、天文得業生だった時に自らが宣旨（天

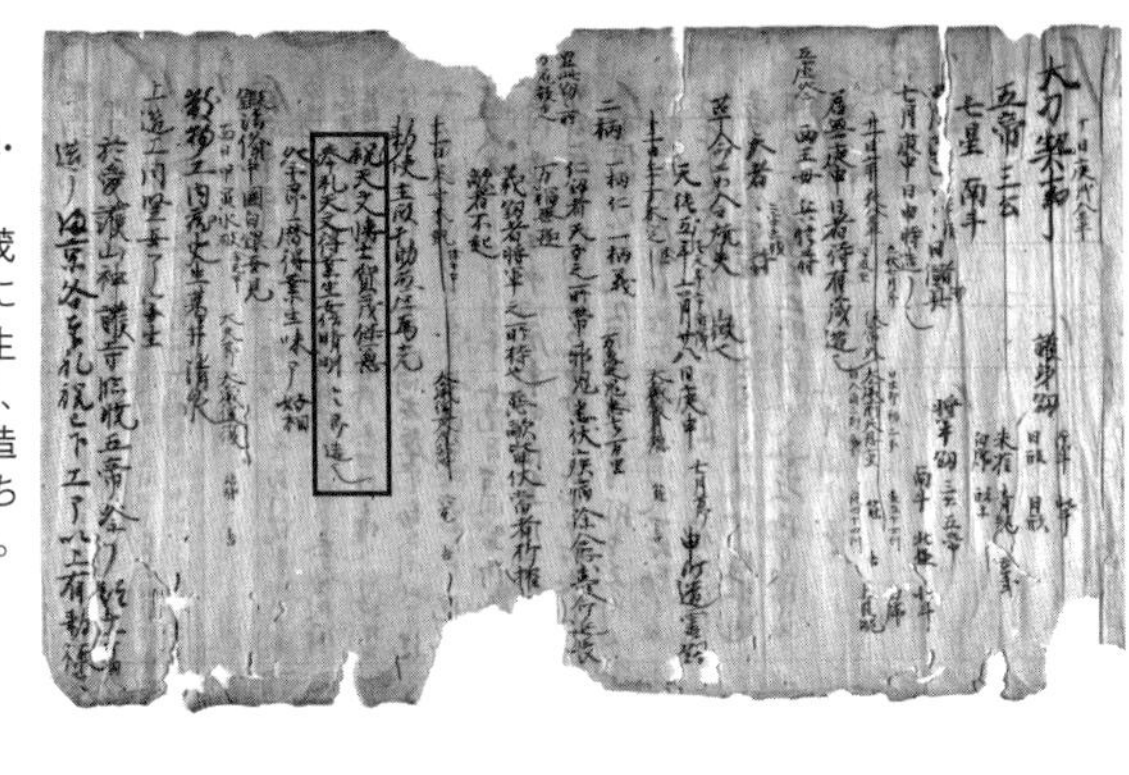

『若杉家文書』大刀契事
京都府立京都学・歴彩館 蔵
「天文博士 賀茂保憲」の名の隣には、「天文得業生安倍晴明」とあり、その下に「ゝゝ即造也（晴明 すなわち造るなり）」とある。

皇の命令）を受けて、失われた図文がどのようなものだったか意見書を献上し、これを元に霊剣が復元された、と語っている。ところが、『村上天皇御記（ぎょき）』から宣旨は保憲に出されたことが明らかになっている。長徳4年は保憲が没してから20年が経過しており、晴明が保憲の手柄を自分のものにしたようだ。

以上、晴明が陰陽師の代表格となった三つの理由を挙げてきたが、何よりも大きな点は晴明が長命だったことだ。晴明は寛弘2年（１００５）まで生き、享年は85である。保憲が没してから30年近く、生きたわけである。この間、晴明の長男・吉平は正暦4年（９９３）に陰陽助に、次男の吉昌は寛弘元年（１００４）に陰陽頭になっている。保憲が没した後に陰陽道における長老として長期間君臨し続けることで、晴明は自らと安倍家の地位を盤石なものにしたのである。

後世に神格化された安倍晴明

陰陽道の二大派閥による対立

賀茂保憲と安倍晴明の２人の活躍によって、11世紀中頃以降、陰陽頭は安倍家・賀茂家のいずれかから選ばれることとなった。これはあくまで陰陽寮のトップ人事についてのみであり、10世紀から11世紀（９３８～１０８５年）にかけての陰陽師の数は、安倍家10人、賀茂家11人、大中臣（おおなかとみ）家10人、惟宗（これむね）家13人、その他42人となっており、さまざまな家柄の陰陽師がいたことがわかる。これが院政期から鎌倉時代（１０８６～１３３３年）になると、安倍家１７７人、賀茂家１４０人、大中臣家42人、惟宗家21人、中原家29人、その他１０５人となり、賀茂・安倍両家だけで全体の61％を占めるようになる。院政期以降は陰陽師の二大派閥となった安倍家と賀茂家のライバル関係が先鋭化する中で、安倍家では晴明の神格化が進んだ。

晴明自らが陰陽道を日本にもたらしたとされる伝承がある。晴明が撰したとされる『簠簋内伝』だ。正式名称は、『三国相伝陰陽輨轄簠簋内伝金烏玉兎集』で、全5巻からなり、方位や暦の吉凶、風水や占星術など、占いの総合百科事典ともいえる内容である。実際には、晴明の死後に陰陽師や密教僧などによってつくられたものと考えられている。『簠簋内伝』ではこの本の来歴が記されているが、それによると、安元年中（1175～1177年）に、「安部清明」が唐に渡って伯道上人から伝授されたものとしている。もちろん晴明が唐に渡った事実はなく、時代も一致しない。さらに安倍晴明の字も異なっている。この本の作者が晴明のネームバリューを利用して、『簠簋内伝』の権威づけを行うとともに、いかに晴明が偉大な陰陽師であるか、創作が加えられたのだろう。こうした晴明の逸話についての誇張や創作は明治時代に陰陽道が禁止されるまで行われた。

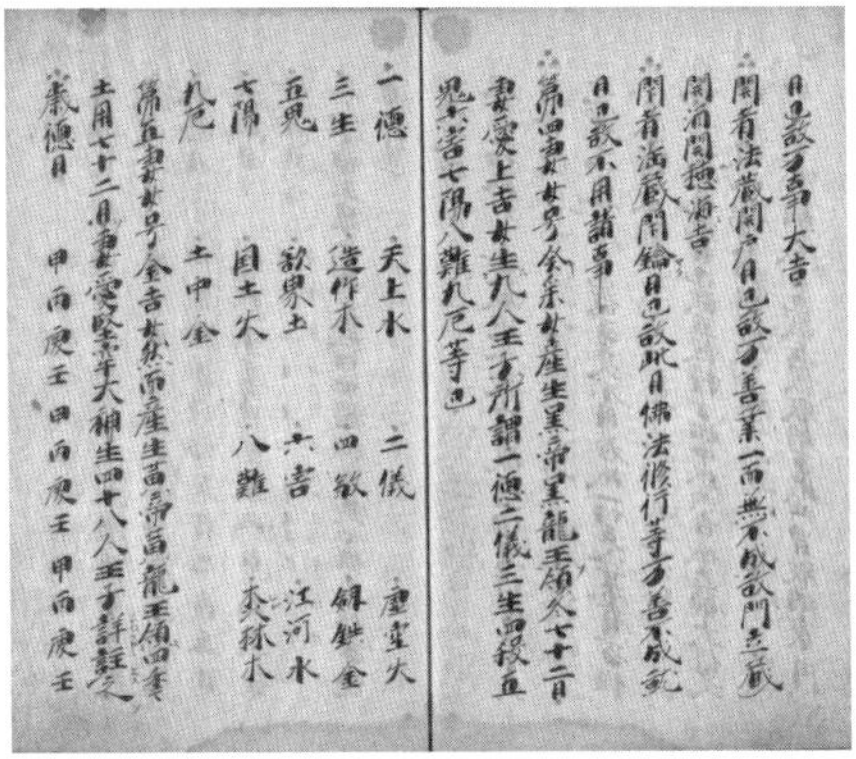

『簠簋内伝』 国立国会図書館 蔵
安倍晴明が書いたとされる陰陽道書だが、実際には陰陽道の優位性をアピールするため、後世に晴明を神格化した民間陰陽師によって成立したと考えられる。

下級貴族に過ぎなかった陰陽師の身分

陰陽師の官位の推移

陰陽師というと平安貴族とさまざまな交流を持ち、優雅な暮らしをしていたイメージがあるかもしれないが、その社会的地位は高くはなかった。平安時代の官位は、一位から八位まであり、その下に大初位（だいしょい）と少初位（しょうしょい）がある。さらに一位から八位までには正従（しょうじゅ）の二階があり、四位（しい）以下には上下が加えられた。例えば四位の場合は、正四位上、正四位下、従四位上、従四位下の順となる。官位が最も高いのが正一位、最も低いのが少初位下となる。

官位を持っていれば貴族と思われるかもしれないが、貴族とは五位以上を指す。政治に直接関わる重職に就けるのは三位（さんみ）以上で公卿と呼ばれ、大臣や大納言などの重要ポストを占め、四位以下が政治の中心に関わることはほとんどなかった。

貴族といっても生活が苦しい者が多かったといわれる。貴族全体のうち五位が5割、四位が4割を占め、公卿は1割程度だった。晴明は天禄3年（972）に天文博士となった。天文博士は陰陽寮における天文道のトップなわけだが、その官位は低く正七位下が原則で、貴族ですらない下級官吏だった。陰陽寮のトップである陰陽頭で従五位下相当となり、貴族の末席にようやく座れることになったのである。

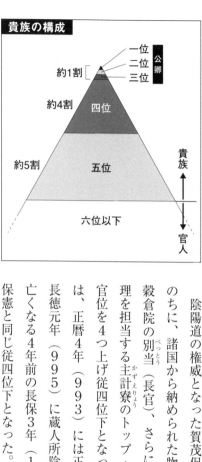

異例の出世を遂げた賀茂保憲と安倍晴明

陰陽道の権威となった賀茂保憲は陰陽頭ののちに、諸国から納められた物品を管理する穀倉院の別当（長官）、さらに税の会計と管理を担当する主計寮のトップ・主計頭となり、官位を4つ上げ従四位下となった。一方晴明は、正暦4年（993）には正五位上となり、長徳元年（995）に蔵人所陰陽師となった。亡くなる4年前の長保3年（1001）には保憲と同じ従四位下となった。ただし、一条

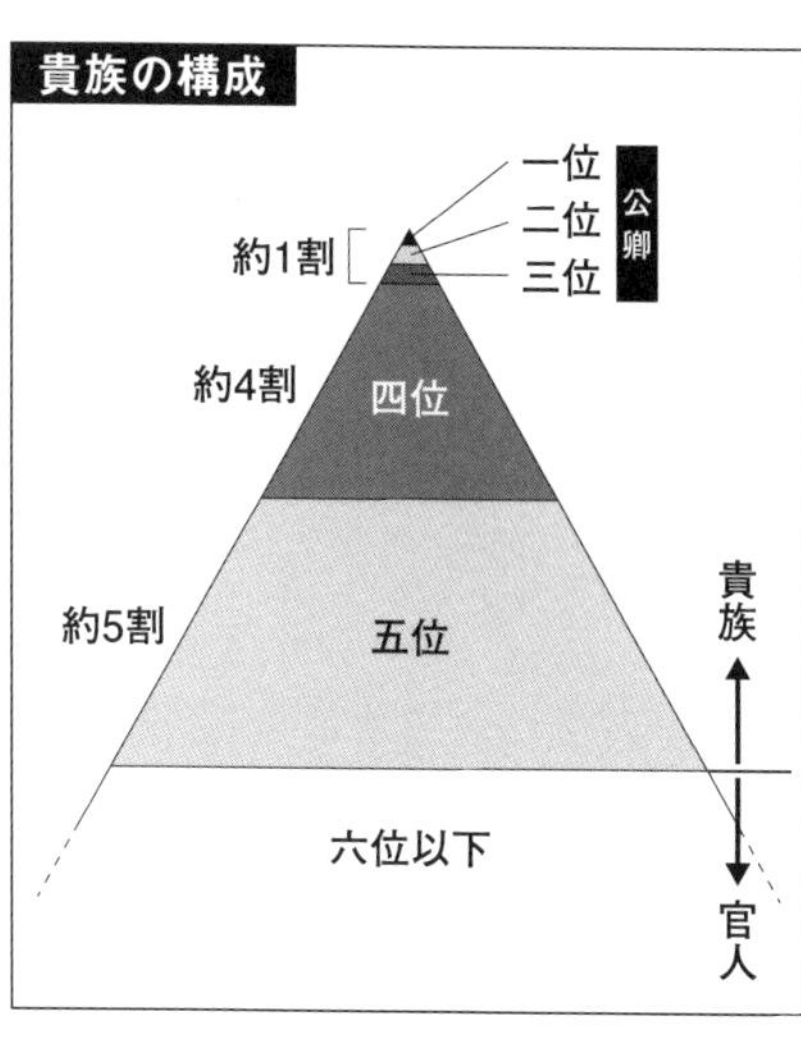

天皇や藤原道長から重用された晴明の年収は高く３６１石、現代の貨幣価値で約４億円にも上ったという。道長の晴明への信頼は、晴明の子の光栄にも引き継がれた。『御堂関白記』に記された陰陽師の名前を見ると、保憲の子・光栄が33回に対して、晴明の子の吉平は57回もある。

安倍家と賀茂家はその後も鎌倉殿や室町殿といった時の権力者と結びつき、官位を上げていくようになる。晴明から数えて14代目に当たる安倍有世（ありよ）は室町幕府３代将軍足利義満（よしみつ）に重用され、陰陽師として初めて殿上人（てんじょうびと）となった。殿上人とは、天皇が住む清涼殿（せいりょうでん）に昇殿できる者である。至徳元年（１３８４）には有世は従三位となり、陰陽師として史上初の公卿となった。有世は最終的に従二位となった。この有世を先例に、以降、安倍家から公卿となる者が出るようになった。一方、賀茂家から初めて公卿となったのは賀茂在弘（ありひろ）で、応永26年（１４１９）のことである。公卿となった有世の系統は土御門（つちみかど）家に、在弘の系統は勘解由小路（かでのこうじ）家となり、陰陽道の二大宗家となった。晴明の時代から約４００年を経て、陰陽師は朝廷の中枢を担うまでに地位が向上したのである。

安倍晴明超人伝説

一次史料に記された晴明の呪術

安倍晴明自身の自己ブランディング力と後世の安倍・土御門家による神格化によって、超人的な物語が生まれていった。これによって、呪術を駆使して人間を蘇生させたり、式神を操って呪詛した相手を返り討ちにするといった数々の奇跡が伝えられるようになった。

晴明がこのような超自然的な能力を発揮したことは、信頼性が高い一次史料にも記録されている。道長が記した『御堂関白記』には、寛弘元年（1004）、晴明84歳の時に行った降雨祈願についての記録がある。当時の都は大雨によってたびたび洪水に見舞われていた。7月14日の夜にも、都は豪雨に襲われた。そこで晴明が水を司る五龍を祀る祭を行った。すると雷鳴が小さくなって豪雨は治まったという。ここでは晴明にまつわる5つの伝説を紹介しよう。

伝説1 物の怪が母⁉ 安倍晴明の出生の秘密

狐を母に持つ葛葉伝説

陰陽道の第一人者となり、後世に神格化された安倍晴明は、その生まれについても伝説的なエピソードが多い。15世紀に記された臨済宗の僧侶の日記『臥雲日件録』には、晴明は「化生の者」とされている。つまり、親を持たずに自然発生的にこの世に現れた者としている。晴明は人ではなく、物の怪のような存在とされたのである。こうした晴明の出生譚の中で最も有名なものが、葛葉という狐を母にして生まれたとされる「葛葉伝説」だ。信太妻伝説とも呼ばれるもので、ここでは大まかな内容を見てみよう。

62代村上天皇の時代（946～967年）、摂津国の阿倍野（現在の大阪市阿倍野区）に奈良時代の遣唐使・安倍仲麻呂の子孫の安倍保名という若者が住んでいた。保名は陰陽道を極めたいと願い、和泉国（現在の大阪府南西部）にある信太の森にある明神に月詣りを欠かさずに行っていた。ある日のこと、参拝後に酒宴を開いていた保名のもとに2匹の狐と1匹の子狐が逃げ込んできた。この狐を追って犬と武士たちがやってきて「狐を出せ」と要求して乱闘となり、保名は捕らえられてしまった。

保名の首が刎(は)ねられそうになると、そこに僧侶がやってきて、保名の縄を解くように命じた。この和尚は保名が助けた狐が化けたものだった。身体中に傷を負った保名は帰路に水を飲もうと川を訪れたところ、そこに美しい娘がいた。娘は保名を自分の庵に連れていき、熱心に看病した。やがて、保名とこの娘は結ばれて、安倍童子(どうじ)（安倍晴明）が生まれたという。幸せな暮らしを続けた保名一家だったが、保名が畑仕事に出たある日、菊の花の香りを嗅いだ娘は、狐の姿に変わってしまった。息子に元の狐の姿を見られた娘は、そのことを恥じて姿をくらましてしまった。座敷の障子には「恋しくば

『新形三十六怪撰』　国立国会図書館 蔵
葛の葉きつね童子にわかるゝの図
葛葉伝説では、息子の晴明に狐の姿を見られた葛葉が姿をくらましたことになっている。

尋ね来てみよ和泉なる信太の森のうらみ葛の葉」と書かれていた。

信太の地は、古くから民間陰陽師が多く住む陰陽師村だったと考えられる。信太の民間陰陽師は、日々の吉凶を記したカレンダー・岸和田暦（泉州暦）を売り歩く際のセールストークの一つとして葛葉伝説が形成されていったと考えられる。葛葉伝説は江戸時代になると浄瑠璃や歌舞伎の演目となり、一般大衆にも広く知られるようになった。

茨城県にある安倍晴明の出生地

『簠簋抄』（『簠簋内伝』の注釈書）には別の出生譚がある。信太の森の老狐は遊女に化けて各地を旅していた。この老狐が常陸国の筑波山麓の猫島（現在の茨城県筑西市猫島）に3年間滞在していた時、安倍仲丸（阿倍仲麻呂）の子孫の若者と出会い、安倍童子を産んだという。また14世紀の禅僧の日記『空華日用工夫略集』や19世紀の地誌『西讃府史』には、晴明の出身地は、讃岐国（現在の香川県）の由佐とされる。この地を治めた由佐氏は常陸国出身で、常陸国の出生伝説が讃岐国に伝わったものと考えられる。

茨城県筑西市猫島の高松家には、慶長年間（１５９６～１６１５年）に記された『晴明伝記』が残っている。これによると、晴明は５～６歳まで猫島で過ごし、筑波山の霊場や鹿島神宮（茨城県鹿嶋市）で修行をしていたという。常陸国には、晴明が生まれる半世紀ほど前の貞観18年（876）に朝廷から陰陽師が派遣されている。常陸国の陰陽師がのちに晴明の生誕地を喧伝することで、自らの権威を高めようとしたとも考えられる。

　では、晴明の実際の出自はどうだったのか。当時の史料には記録がないが、諸氏の系図が記された『尊卑分脈』（14世紀編纂）によれば、晴明は大膳大夫を務めた安倍益材の子として生まれた。大膳大夫とは、朝廷における饗膳の調理や、食料の管理を司る役職である。

「安倍晴明生誕の地」の石碑（茨城県印西市）
出生譚がある猫島の地には晴明橋公園が整備され、石碑が建てられている。この地で出生した晴明は、水害に苦しむ人々に地形を利用した石橋をつくったと伝わる。

　葛葉伝説と実際の晴明の出自とは大きな隔たりがあるが、共通しているのは母親が不明である点だ。そのため、葛葉伝説から安倍晴明の母親が被差別民だった、という指摘がある。葛葉は自らの正体が明るみに出たために姿を消すわけだが、このことは葛葉が「賤民」だったことが知られたことを意味し、被差別民を正体不明の「狐」という形であらわしたというわけだ。

大陰陽師となった安倍晴明の前世

阿倍仲麻呂と吉備真備の入唐

なぜ遅咲きの陰陽師だった安倍晴明が、陰陽師の代名詞的な存在となったのか。その理由を晴明の過去世とする伝承は、『簠簋抄』や、寛文2年（1662）発行の『安倍晴明物語』など、数多く残っている。

実在した奈良時代の遣唐使・阿倍仲麻呂を晴明の先祖かつ過去世とするものである。大まかな内容を紹介しよう。奈良時代、唐の国に『簠簋内伝』という尊き書物があると聞いた43代元明天皇は、遣唐使を派遣して借り受けてくることを望んだ。そこで、霊亀2年（716）、英才として名高い安倍仲麿（阿倍仲麻呂）が派遣されることになった。

仲麿の優秀さを見抜いた唐の玄宗皇帝は、その才覚を寵愛し、重用するようになった。一方で、仲麿が帰国すれば、日本の国力が高まり、唐に従わないようになることを恐れるようになった。そのため、玄宗皇帝は仲麿を楼閣に閉じ込めてしまった。仲麿は使命をまっとうできないことを恥じて断食を行い、亡くなってしまった。憤死した仲麿は幽鬼となって、『簠簋内伝』の伝授の機会をうかがうことになった。

仲麿が帰国しないため、翌年の養老元年（717）、吉備真備が遣唐使として派遣された。玄宗皇帝は、知恵が優れていれば許し、愚者ならば殺害しようと考えた。このピンチに幽鬼となった仲麿が現れ、真備に知恵を与えた。そして、囲碁や難文の読解といった課題を真備は仲麿のサポートによって見事にクリアすることができた。こうして真備は3年間、唐に留まり、儒学や易・暦、天文、地理などを修め、『簠簋内伝』を手に入れ、無事帰国を果たした。

真備は天皇から信頼されて国政を担い、右大臣にまで出世した。一方、仲麿は帰国しなかったことから、逆臣とされて安倍家は没落した。

『月百姿』安倍仲麿　国立国会図書館 蔵
唐に渡った阿倍仲麻呂は玄宗皇帝に重用され、帰国することはなかった。後世にはこの阿倍仲麻呂が晴明の先祖として描かれるようになった。

自分が無事に帰国して出世できたのも、仲麿のおかげだと感謝した真備は、『簠簋内伝』を仲麿の妻子に譲って安倍家を再興しようと各地を探したが、見つけることができなかった。そこで子孫に、『簠簋内伝』を仲麿の子孫に渡すように遺言した。その後、和泉国の信太の里で安倍保名が見つかり、『簠簋内伝』を譲り渡したという。

やがて、保名と葛葉との間に安倍童子（安倍晴明）が生まれる。安倍童子は死蔵されていた『簠簋内伝』を3年間かけて研究し、ついに陰陽道の奥義を習得したという。晴明の陰陽道の高い能力は、こうしたバックボーンがあったからとされたのである。

古代にさかのぼる安倍晴明の先祖

安倍家のルーツは、伝承では阿倍仲麻呂とされることが多いが、実際のルーツを裏づける当時の史料は存在しない。ただし、江戸時代初期に編纂された『医陰系図（いいんけいず）』によると安倍家の初代は、安倍晴明の8代前に当たる倉梯麻呂（くらはしまろ）にはじまる。倉梯麻呂は乙巳（いっし）の変（645年）で中大兄皇子（なかのおおえ）（のちの38代天智天皇（てんじ））側についた功臣で、その子の御主人（みうし）は、右大臣となっている。この安倍家のルーツは、8代孝元天皇の皇子・オオヒコとされる。これが事実ならば、安倍家は古代から続く名門一族ということになる。

安倍晴明の父は陰陽師ではなかったが、安倍晴明以前の安倍家にも陰陽寮の長官である陰陽頭（おんみょうのかみ）になった人物がいる。安倍晴明の5代前に当たる吉人（よしひと）は天長元年（824）に陰陽頭に就き、翌天長2年（825）には、その子の大家（おおいえ）も陰陽頭の任を引き継いでいる。ただし、吉人と大家は官僚として陰陽頭になったに過ぎないとする指摘もあり、陰陽師としての知識があったかは疑問が残る。実際にその後は晴明の代になるまで、安倍家から陰陽師は出ていない。晴明の祖父の春材（はるき）の代になると安倍家は下級貴族となったと考えられる。

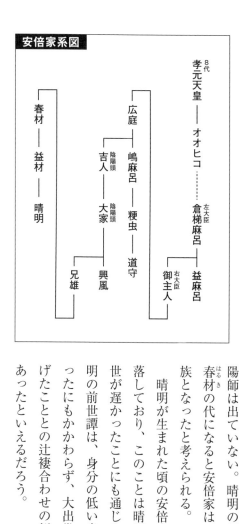

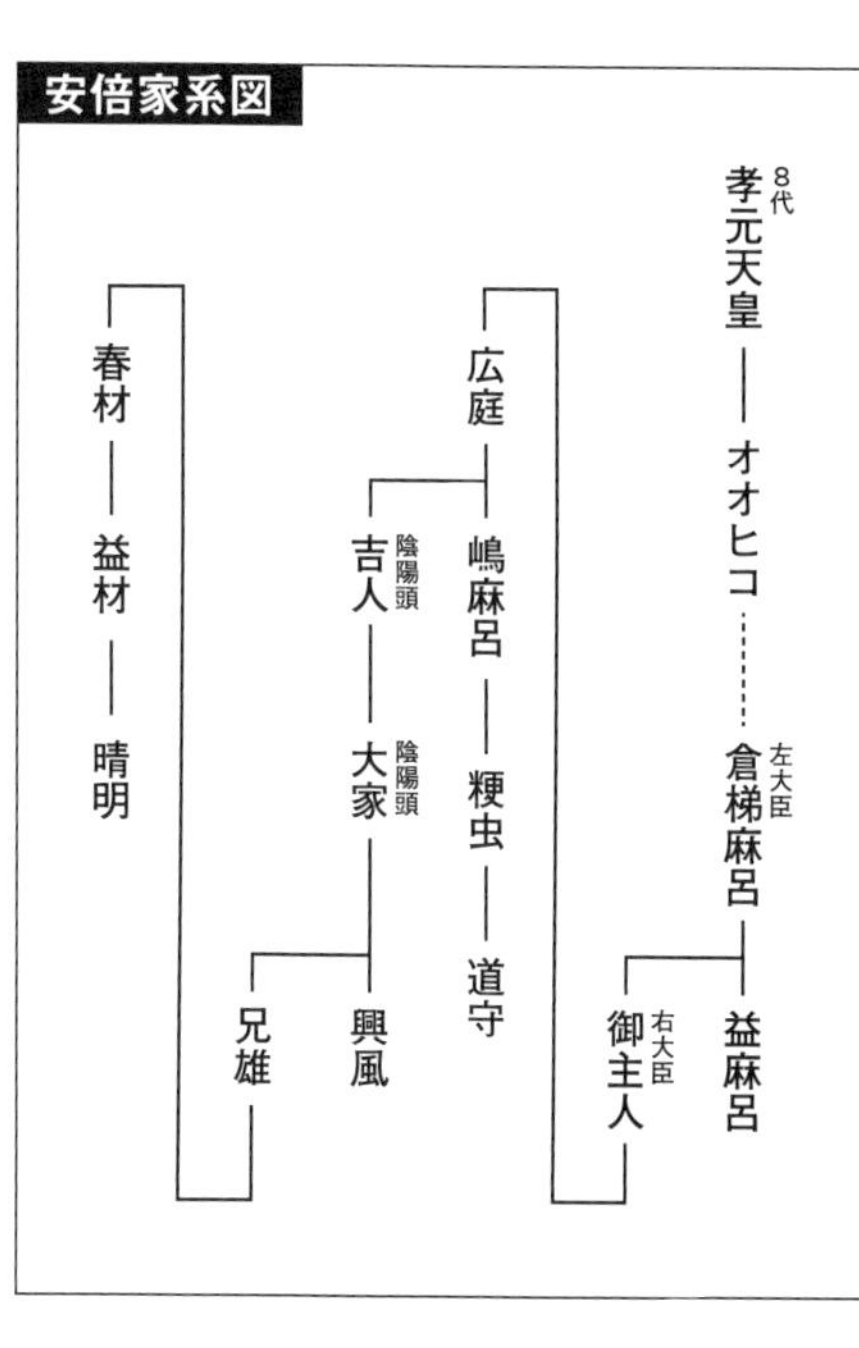

晴明が生まれた頃の安倍家は没落しており、このことは晴明の出世が遅かったことにも通じる。晴明の前世譚は、身分の低い家柄だったにもかかわらず、大出世を遂げたこととの辻褄合わせの側面もあったといえるだろう。

伝説3 少年時代に開眼した異能

幼少期から鬼が見えた安倍晴明

『今昔物語集』などの説話集には、安倍晴明が少年時代から超自然的な能力を発揮したことが記されている。陰陽道の第一人者である賀茂忠行のもとで学んでいた少年時代の晴明は、ある日、忠行のお供をしていた。忠行の牛車（ぎっしゃ）が下京あたりに差しかかった頃、牛車の後ろを歩いていた晴明は前方から鬼の集団がやってくるのを見た。晴明は牛車の中で寝ていた忠行を起こして、このことを伝えた。急いで忠行は隠形（いんぎょう）の呪法を行い、忠行やお供、牛車の姿を隠した。こうして、鬼たちは忠行たちに気づかず、通り過ぎていった。鬼を見ることができるのは、一人前の陰陽師となった証とされた。晴明は少年だったにもかかわらず、陰陽師としての素養をすでに持っていたのである。鬼の姿が見えた晴明に感心した忠行は、その後、陰陽道の奥義を伝授するようになったという。晴明が鬼を見た場所は、あわわの辻（二条大路と大宮大路の交差点）と呼ばれる。

都を跋扈する鬼の集団は百鬼夜行と呼ばれ、人々を恐れさせた。この百鬼夜行は多くの説話集や絵巻に描かれており、虚実の混じった噂話が当時の都で流布していたことがうかがえる。当時の平安京は庶民の生活の場でもあり、下水施設が整っていないため糞尿は辻（交差点）に捨てられた。鴨川の河原は死体の捨て場となっていたが、ひとたび飢饉や疫病などが起きると、街路に死体が転がった。平安時代末に記された歴史書『本朝世紀』には、正暦5年（994）に起きた疫病の際には、死体が腐敗して臭気がひどく、道を行く人は鼻をふさがないと歩けず、カラスや犬は人間の死体を食い飽きているありさまだったという。

また政権中枢部の貴族たちは、納められた税の横領をしていた。地方役人の中には武装

羅城門 渡辺綱 鬼腕斬之図
国立国会図書館 蔵
渡辺綱は頼光四天王の1人で、平安京のメインゲート・朱雀門（羅城門）に現れた鬼の腕を斬ったと伝わる。当時の平安京の治安は悪く、怪奇な事件が多発した。

して、群盗と呼ばれる強盗集団となって、都の貴族の屋敷を襲撃した者たちもいた。こうした社会不安や不可解な殺人事件などを、「鬼の仕業」としたと考えられる。

晴明と鬼の話は他にもある。『大江山絵巻』には、都を荒らし貴族の婦女や子どもをさらった酒呑童子退治の物語が描かれている。ここでは、子どもをさらわれた藤原道長が、子どもの居場所を晴明に占わせたところ、大江山に住んでいることがわかり、藤原頼光と頼光四天王と呼ばれる4人の武将が派遣されることになった。頼光一行は途中、川で洗濯をしている老女に出会い、酒呑童子の情報を聞き出すのだが、そこで老女は、「都に安倍晴明という者がおり、護法によって都を守護しているため、酒呑童子は歯を食いしばって怒っている」と語る。鬼の天敵として、晴明の名が出てくるのである。

安倍晴明が行った人心掌握術

陰陽師の役割は、日常や社会に対する不安に対して生活の指針を示す側面があった。晴明が百鬼夜行を見たというエピソードは、人々の社会不安を敏感に察知できる能力を示しているともいえる。長保4年（1002）の『政事要略』には、晴明の社会不安への察知能力を物語るエピソードが記されている。長保3年（1001）12月に一条天皇の母（道

『公事十二ケ月絵巻』追儺　国立国会図書館 蔵
大晦日に行われる追儺は、新年に向けての祓いの儀式であり、人々にも広く浸透した陰陽道の行事だった。

長の姉）である詮子（せんし）が崩御した。これによって年末に行われる追儺（ついな）の儀式が中止されることになった。追儺はその年の災厄を祓（はら）い、新年を迎えるための儀式で、今日の節分に当たる。一条天皇の6代前の60代醍醐（だいご）天皇の時代に、この追儺の儀式を怠った際には疫病が蔓延したことから、追儺は重要な祭事とされ、平安京に住む人々の家でも行われるようになっていた。

人々が追儺を自粛する中で、晴明は自邸でこの追儺の儀式を行った。晴明の邸宅から「儺（な）やろう、儺やろう」という鬼祓いの声が響くと、都の人々も追儺を行い、例年通りの賑わいを取り戻したという。これによって都の人々は、晴明のことを「陰陽道の達者」と評したという。人々の不安を敏感に察知する能力に優れていたからこそ、晴明は大陰陽師としての評価を得たともいえるだろう。

伝説4 式神を自在に操る呪術師

召使いとして描かれる式神

安倍晴明といえば、式神を思い浮かべる人も多いだろう。鎌倉時代に記された多くの説話集には、晴明が式神と呼ばれる鬼神を自由自在に操る様子が描かれている。『源平盛衰記』では、晴明が式神である十二神将を使役していたが、式神が家の中をうろつくのを晴明の妻が恐れたため、一条戻橋の下に隠し、用事がある時に呪縛を解いて呼び出したとある。また『宇治拾遺物語』では、藤原道長に呪詛をかけた相手を探るために、晴明が懐から紙を取り出して引き結んで呪法をかけると、紙は白鷺の式神となって呪詛をかけた相手のところに飛んでいったとある。

『今昔物語集』のエピソードも見てみよう。ある日、晴明が遍照寺（京都市右京区）の寛朝僧正を訪れた際、僧侶や公達（皇族や貴族の師弟）などから、「陰陽道の術で人を殺すことはできるか」と聞かれた。晴明は、「そうとう力がなければ殺すことはできません。

虫などは少しの術でも殺せますが、生き返らせる方法を知りませんので、そのようなことはいたしません」と答えた。しかし、どうしても晴明の術を見たい僧侶はさらにせがんできた。仕方なく、晴明は草の葉を摘み、呪法をかけてカエルに向けて投げると、カエルは一瞬で潰れて即死した。これを見た僧侶たちは顔色を変えて恐れおののいたという。この他『今昔物語集』では、晴明が式神の1人に内裏に参内するように命じると、自動的に戸が開いた様子が記されている。

『前賢故実』安倍晴明　国立国会図書館 蔵
安倍晴明の肖像画の隣には、式神と呼ばれる鬼神が併せて描かれることが多い。

寛朝僧正は平将門（まさかど）の乱の際にはその調伏の祈禱（きとう）を行った人物で、広沢流という密教一派を開いた。呪術のエキスパートである広沢流の門人たちも驚愕したことで、晴明の力がいかに強いかを印象的に描いている。

陰陽道系呪術のパイオニア

陰陽寮が陰陽道、天文道、漏刻、暦道で構成されているように、呪術はあくまでも陰陽寮における職務の一部に過ぎなかった。ところが、晴明はマイナー分野だった呪術を前面に押し出した。寛和2年（986）に即位した一条天皇はまだ7歳で病弱だった。そのため、密教僧などによって病気平癒や健康祈願の加持祈禱が行われた。

これに対して晴明は、陰陽道の奥義として泰山府君祭を執り行うことを提案する。泰山府君祭は晴明によって創始したと考えられている。宮中では基本的に先例重視であり、新しいことをはじめることは珍しい。しかし、晴明はこのような常識にとらわれず、それまで密教が担っていた呪術分野に陰陽道の進出を図ったのである。泰山府君祭は、天皇に対してだけでなく、上級貴族に対しても行った。

もちろん、陰陽道にはもともとさまざまな呪術が存在していたが、陰陽寮においては天文や暦がメインだった。これに対して、呪術における陰陽道のシェア拡大を晴明は実現したのである。晴明は陰陽道における呪術のパイオニアだったからこそ、多くの説話集では、式神を操るようなマジカルな能力を持った人物として描かれたのだろう。

伝説5 死後に復活した安倍晴明

安倍晴明復活の二つの物語

安倍晴明の超人的なエピソードの中でも特異なのが、晴明の死からの復活である。一度命を落とした晴明が、中国の伯道上人によって復活する物語は、多くの説話や物語に描かれている。慶長年間（1596〜1615年）に記された『安倍晴明伝記』の内容を見てみよう。宋の太宗皇帝の時代の太平興国元年（976）、伯道上人は弟子の晴明の死を呪術によって察知した。急いで来日した伯道は、晴明がライバルの蘆屋道満（あしやどうまん）との呪術比べに敗れて殺されたことを知る。伯道上人は五条河原の西岸にあった晴明の墓を掘り起こし、12の大骨と360の小骨を拾い集めた。そして、生活続命（しょうかつぞくみょう）の法という秘術を行うと、見事、晴明は復活したという。

伯道上人による晴明の復活譚はよく知られているものだが、16世紀に記された『真如堂（しんにょどう）縁起』には別の伝承が記されている。文安年間（1444〜1449年）、晴明の子孫で

『月耕随筆』不動神力　国立国会図書館 蔵
『泣不動縁起』には、安倍晴明が泰山府君祭を行った際、人身御供の僧侶の命が不動明王の慈悲によって助かったエピソードがある。

ある安倍有道が、真如堂（京都市左京区）にある不動明王像はもともとは晴明の念持仏（身近に置いて日々祈る仏像）であるために返還してほしいと天皇に願い出た。有道によると、晴明は死後に閻魔王のもとに行った際、不動明王像のおかげで蘇生したというのである。こうしたことからこの仏像は宮中に運ばれたが、唐櫃を開けてみると中は空っぽだった。真如堂に問い合わせたところ、仏像はいつの間にか堂内の厨子に戻っていたという。そのため、この仏像は安倍家で保管するのではなく、真如堂に置かれたままにすることになった。

不動明王と蘇生は深く関わっているようであり、15世紀に記された『泣不動縁起』では、死の淵にあった師匠の命を救うために、弟子の僧侶の命を使って、晴明が泰山府君祭を行うエピソードがある。するとその場に掛けられていた不動明王の絵が、「私が身代わりになろう」と声を発し、両目から血の涙が流れたという。

密教の地獄巡り説話に対抗

寛弘2年（1005）、安倍晴明は85歳で亡くなった。その死因はわかっていないが、年齢的にも老衰と考えて問題ないだろう。一方で、平均寿命が50歳程度だった当時において、異例の長寿だった晴明は、生死を超越した存在として後世に描かれるようになった。

地獄巡りや死者の国からの蘇りの説話は、浄蔵（じょうぞう）（891〜964年）や日蔵（にちぞう）（905？〜967？年）など密教僧に多い（82ページ参照）。また13世紀に西行（さいぎょう）によって記された説話集『撰集抄（せんじゅうしょう）』には、著者の西行が広野で人骨を集めて人間をつくった、という日本版フランケンシュタインのような物語が記されている。前述したように、密教の延命長寿の加持祈禱に対して、晴明は泰山府君祭を創始した。晴明復活のエピソードはこうした仏教説話に対抗したものと考えられる。

陰陽道の大家・安倍晴明の大失態

卓越した能力を発揮したエピソードが多い安倍晴明だが、実は大きな失態が二度あった。11世紀の歴史書『日本紀略』には、天元元年（９７８）７月24日、晴明の家に落雷があり、家の一部が破損したとある。陰陽道には、雷除けの呪符や雷神を鎮める祭祀が存在する。また、落雷は怨霊の仕業ともされたので、自邸への落雷は天文を読み災いを避けるエキスパートであるはずの陰陽師としてはあるまじき失態だった。ちなみに晴明宅に落雷があったのは師の賀茂保憲が亡くなった翌年に当たる。

それから11年後の永延２年（９８８）、星の運行から凶事の予兆があった。『小右記』には、その際、晴明が凶事を避ける祭りを命じられたにもかかわらず、執り行わなかったことが記されている。そのため、晴明は過状（かじょう）（始末書）の提出を求められた。

祭祀を怠ったのは晴明が蔵人陰陽師となった２年後である。この年、藤原実資の子の邪鬼祓いのための鬼気祭や一条天皇の母・詮子への泰山府君祭を行った記録が残っている。

第2章 安倍晴明と平安時代

大陰陽師の華麗なる人脈

5代の天皇に仕えた安倍晴明

安倍晴明が陰陽得業生となったのは40歳だったとはいえ、85歳まで生きたため、62〜66代までの村上、冷泉、円融、花山、一条の5代の天皇に仕えた。さらに陰陽師の大家だった賀茂保憲が没すると、晴明は陰陽道における長老として、藤原道長をはじめ、摂関家から深く信頼された。『源氏物語』を著した紫式部が出仕したのは、晴明が亡くなった寛弘2年（1005）頃と考えられているので、両者の面識はないが紫式部のパトロンだった道長から晴明の話を聞いていた可能性はある。紫式部のライバルでもある清少納言は、『枕草子』で陰陽師のお祓(はら)いの様子について記述しており、また民間陰陽師である法師(ほっし)陰陽師について「見苦しきもの」と記している。当時の貴族社会において、陰陽師は身近な存在だったのだ。当時の史料から、晴明の華麗なる人脈とエピソードを紹介しよう。

聖地・熊野の縁で結びついた 花山天皇

花山天皇の退位を天文から予測

65代花山天皇は63代冷泉天皇の第一皇子で、譲位によって永観2年（984）、17歳で天皇となった。ところが、寛和元年（985）に寵愛した女御（にょうご）が妊娠中に亡くなると、花山天皇は深く悲しんだ。これにかこつけた右大臣・藤原兼家（かねいえ）（道長の父）は、蔵人（天皇の秘書役）だった息子の道兼（みちかね）を通じて、花山天皇を宮中から元慶寺（がんけいじ）（京都市山科区）へ遷し、女御の供養のために出家させてしまった。こうして、花山天皇は、有力な外戚がいなかったことから兼家の謀略に遭い、わずか1年10ヶ月で退位することになった。

この突然の政変について、安倍晴明が事前に察知していた様子が、11世紀の歴史物語『大鏡（おおかがみ）』に記されている。晴明は花山天皇の突然の譲位を察知して、これを止めさせるため式神を急いで参内させようとした。ところが式神は戸を開けるとすぐに戻ってきて、「ただいま帝が門の前を通り過ぎたようです」と伝えたという。

花山天皇の退位における晴明の記述は、『大鏡』のみであり、晴明がこの政変に関与したような史料は見当たらない。実は花山天皇が即位した年、北極星の近くに流星が現れる「辰星」と呼ばれる天変が観測されていた。そのため、陰陽寮は花山天皇に物忌みするように密奏したが、花山天皇はこれに応じなかった。こうしたことから当時の晴明は天文博士であり、何らかの政変が起きることを事前に予期していたと考えられる。

熊野で結ばれる花山天皇と安倍晴明

花山天皇と晴明の関わりを伝える説話には、「熊野」がキーワードとして入ってくることが多い。『熊野那智大社文書』や軍記物語『源平盛衰記』には、花山天皇が熊野の那智の滝に籠った時、魔物が修行の妨害をしてきた。そこで花山天皇は晴明を熊野の地に呼び出した。晴明は2人の式神を使って魔物を岩屋に祀り置いたという。

説話集『古事談』では晴明は那智の滝に打たれて千日修行を行ったとある。この『古事談』では、頭痛に悩んでいた花山天皇が晴明に相談するエピソードがある。花山天皇は特に雨の日に頭痛がひどいことを伝えると、晴明は、「花山天皇の前世は尊い行者だったが、大峰での修行中に亡くなってしまった。この前世の髑髏が岩の間に挟まっており、雨が降ると岩が膨らんで頭を締めつけるため、今生でも頭痛に悩ませられる」と伝えた。そして、この髑髏がある谷底の場所を伝えたという。花山天皇が早速、人を派遣したところ、言われた場所に髑髏があり、以来、頭痛に悩むことはなくなったとされる。

熊野は、11世紀の白河上皇の時代以降に上皇や皇族が多く参詣するようになり、「蟻の熊野詣」と呼ばれた熊野信仰が隆盛を迎えるわけだが、それまでの上皇の熊野詣はわずか2回で、延喜7年（907）の宇多上皇と永延元年（987）の花山上皇のみである。つまり、晴明がいた時代に熊野詣を行ったのが花山上皇ということになる。

一方、晴明が熊野・那智の地を訪れた記録はないが、晴明の出生譚が残る阿倍野（現在の大阪市阿倍野区）や信太（大阪府和泉市）の里は、熊野街道にある。こうしたことから、熊野の修験者と、阿倍野や信太に住んでいた民間陰陽師とが密接に結びついていたとも考えられる。

『月百姿』花山寺の月
国立国会図書館 蔵
藤原道兼（右）の手引きで花山天皇（左）は元慶寺に遷り出家した。説話集などでは、安倍晴明は花山天皇の熊野での修行のサポートをしたと伝わる。

安倍晴明が最側近として仕えた 一条天皇

天皇側近の陰陽師として出世

安倍晴明が最も長く、最も密接に仕えたのが、花山天皇の次代の66代一条天皇である。寛和2年（986）に7歳で即位した一条天皇は25年間在位した。そして、晴明が亡くなった6年後の寛弘8年（1011）に病気のために譲位し、同年、32歳の若さで亡くなった。一条天皇の即位とともに晴明は天皇専属の陰陽師となった。一条天皇と晴明の年齢は60歳ほども離れていたが、晴明は蔵人所陰陽師として、約20年間にわたって一条天皇をサポートしたのである。

正暦4年（993）には、病に臥した一条天皇のために、病気平癒の儀式である御禊（おんみそぎ）を行ったところ、一条天皇が回復した。そのため、晴明は正五位上へと昇進している。その後、陰陽師としては異例の従四位下まで昇進していることからも一条天皇の晴明への信頼がうかがえる。

先例にとらわれない陰陽道の傑出者

晴明が陰陽道の大家としていかに力を持っていたかがわかるエピソードが、『権記』にある。天皇が外出する際には、「反閇」と呼ばれる呪術が行われる（１６７ページ参照）。これは禹歩と呼ばれる独特なステップを踏むことで、天皇が進む場所の邪気を祓うものである。この反閇は、賀茂保憲が生きていた応和年間（９６１～９６４年）から、陰陽寮が担当して行っていた。ところが、長保２年（１０００）10月に、新築された内裏に一条天皇が初めて入る際に行った反閇では、晴明自らが行ったのである。先例を変えての儀式はタブーのはずだが、『権記』の著者の藤原行成は晴明が行った理由として、晴明が「道之傑出者」だったためと記している。

晴明は一条天皇のために泰山府君祭を創始したことを前述したが、これ以外にも独自の呪術を生み出したことが記録されている。陰陽道儀礼について記された『諸祭文故実抄』では、長保４年（１００２）に玄宮北極祭という儀式が行われているが、これも晴明によって創始されたものと考えられる。

呪詛を見抜いて命を救った 藤原道長

2度にわたって命を狙われた藤原道長

安倍晴明の異例の出世の背景には、権勢を思いのままにした藤原道長の後押しがあったことも指摘される。一条天皇の母は、花山天皇を退位させた右大臣・藤原兼家の娘・詮子である。当時の結婚形式は通い婚が一般的であり、皇子は母方の実家で育てられることになる。そのため疎遠な父・花山天皇や宮中の皇族よりも、外戚の祖父・兼家や叔父の道長といった母方の親戚により親しみを覚えるのは想像に難くない。さらに長保2年（1000）、道長の娘・彰子が入内し、一条天皇の中宮（正妻）となると、道長の政権基盤は盤石となり、栄華を極めることになったのである。晴明が蔵人所陰陽師だった時代は、まさに道長が栄達の道を登っているさなかである。

鎌倉時代の説話集『古今著聞集』には安倍晴明が時の権力者・藤原道長の命を救った話が記されている。物忌みをしている道長の邸宅に晴明がともに参籠していた際、南都（古都奈良）から献上品として早瓜が送られてきた。物忌み中に贈り物を受け取っても良いかと悩んだ道長は晴明に占わせた。すると、晴明は瓜の一つから毒気があることを見抜き、ともに参籠していた武士の義家が刀で割ったところ、瓜の中に毒蛇がいたという。

『古今著聞集』には他にも晴明と道長のエピソードがある。建設中の法成寺（ほうじょうじ）の視察に赴いた道長だったが、敷地に入ろうとすると白犬が道長のすそを噛んで引き留めた。不思議に思った道長が晴明に占わせたところ、道長を呪う呪物が埋められていることがわかった。そこで門の下を掘ってみると土器のお椀を2枚重ねて縛られた呪物が見つかり、中には呪詛の言葉を記した紙があった。晴明は懐から紙を取り出して鳥の

御堂関白殿の犬　メトロポリタン美術館 蔵
『宇治拾遺物語』では、呪物が埋められた法成寺に藤原道長が入ろうとしたところ、白犬がすそを噛んで引き留めたエピソードがある。

『大日本史略図会』
晴明ヶ奇術
国立国会図書館 蔵
安倍晴明が紙を引き結んで呪法をかけると、紙は白鷺の式神となって呪詛者の元へ飛んでいったと伝わる。

形に結んで、呪法をかけて空に投げると、紙は白鷺(しらさぎ)になって呪詛者・道摩(どうま)の元に飛んでいったという。
瓜を割った義家の名字は不明だが、鎌倉幕府を開いた源頼朝の先祖である源義家のことならば、時代が合わない。義家が生まれたのは晴明の死から約30年後のことだからだ。また呪物が見つかった法成寺は晴明の死後に建てられた寺である。そのため、いずれも後世の創作と考えられる。

権力者・藤原道長にかけられた呪詛

しかし、これらの話が全くのでたらめというわけではない。一次史料『小右記』の欠巻を補う『小記目録』には、長保2年（1000）に道長にあった呪詛事件について記されている。道長は4月下旬から病に伏していたが、5月8日にその原因が式神と判明し、

9日には邸宅の敷地から厭物（呪物）が見つかった。11日には呪詛した安正という男が逮捕され、6月5日に安正が獄中で死亡したことが記されている。道長が呪詛によって重病になったことは『権記』にも記されており、「厭魅」「呪詛」「邪気」といった文字が見える。長男の将来を藤原行成に頼むほど道長の病状は重かったが、6月には全快した。

道長が生きた時代の貴族の日記には式神や呪物が記されているように、呪詛は説話文学の世界だけのものではなく、道長の周囲で行われていたのだ。『御堂関白記』には晴明の記述が11あり、当時、道長と晴明の関係が深かったことは間違いない。道長は晴明を信頼していたことから、呪詛から守る役割を実際に晴明が担っていたと考えられる。

墨書人面土器　京都市埋蔵文化財研究所 蔵
長岡京の祭祀遺跡から出土した人面が描かれた土器。呪詛は、二つ重ねの土器に呪物を入れて行われた。

政敵から呪詛された一条天皇の母 藤原詮子（せんし）

藤原道長を支えた姉・詮子

藤原道長とともに数多くの呪詛をかけられたのが、道長の姉にして一条天皇の母である藤原詮子である。応和2年（962）、藤原兼家の次女として生まれた詮子は、天元元年（978）に17歳で入内し、64代円融天皇の女御となった。2年後の天元3年（980）に第一皇子の懐仁（やすひと）親王（のちの一条天皇）を出産した。ところがその後、円融天皇からは遠ざけられ、中宮となることはなかった。正暦2年（991）に円融天皇が崩御すると、詮子は邸宅があった地から東三条院を名乗るようになった。詮子は末弟の道長を可愛がり、息子の一条天皇を通じて、道長の出世の後押しをした。こうしたことから、道長の栄達を妬むものから詮子も呪詛の対象となった。

『小右記』によると、長徳2年（996）3月に詮子は病にかかり、重篤（じゅうとく）となった。これは、誰かが呪詛しているとか、屋敷の寝所の床下から呪物が掘り出されたといった噂が流れていたことが記録されている。この年の1月には内大臣・藤原伊周（これちか）が花山上皇の従者を殺害する長徳の変が起きており、4月に伊周は大宰権帥（だざいのごんのそち）（大宰府の長官）に左遷させられることになった。その際の罪状の一つに詮子への呪詛が含まれていた。

道長の重要な後援者であり、一条天皇の母でもある詮子は、安倍晴明による呪術のサポートを受けている。『小右記』や『日本紀略』には、永祚元年（989）2月11日に、詮子が病気となったため、円融上皇が晴明に泰山府君祭を行わせたとある。また一条天皇は母・詮子のもとをたびたび訪れているが、『権記』には、長徳3年（997）の東三条院への行幸の日程を晴明に占わせ、行幸当日には晴明が反閇を行ったことが記されている。

詮子は長保3年（1001）に重病となった。そのため、晴明は6月に不動明王像の供養する日時を占っている。いよいよ重篤になった年末に、詮子は藤原行成の邸宅を訪問しようとする。その吉凶を晴明が占ったところ、「訪問をすべきではない」という結果が出た。ところが行成邸への渡御は実行され、閏12月22日、詮子は行成邸で崩御した（『権記』）。晴明の占いは当たっていたのである。その後、詮子の葬儀の日程も晴明が占っている。

人脈5 死の直前まで呪術でサポート 中宮彰子（しょうし）

藤原道長の期待を背負った彰子

藤原道長の権力基盤の要が、一条天皇の中宮となった彰子である。彰子は道長の長女として永延2年（988）に生まれ、長保元年（999）に12歳で入内し、翌年に中宮となった。一条天皇のもとにはすでに、永祚2年（990）、藤原道隆（みちたか）（道長の兄）の娘の定子（ていし）が中宮となっていた。これに対して道長は定子を皇后にして、彰子を中宮にさせた。藤原家の権力闘争によって、天皇に正妻が2人いるという異常事態となったわけだ。彰子が入内した長保元年の年末には、道長は一条天皇が彰子を中宮することに同意したと思い込み、年明け早々の1月10日、晴明に、彰子を中宮とする日取りを占わせている。これが勘違いだったと知った道長は、『御堂関白記』の1月10日の記述を消しており、裏面から見ると「晴明」の文字をはじめ9字が判別できる。

その後、彰子が中宮となることが正式に決定すると、道長は1月28日に再び晴明を召して、内裏退出の日取り、中宮となる日取り、内裏参入の日取りを占わせている。入内する女性には、女房と呼ばれるお世話係の女官がつけられた。ちなみに彰子の女房に紫式部が、定子の女房に清少納言がついている。彰子が入内する際には40人もの女房がつけられたことからも、道長がいかに彰子を重視していたかがうかがえる。こうしたことから、道長の依頼で晴明もまた頻繁に彰子をサポートしたと考えられる。

『御堂関白記』によると、寛弘元年（1004）、彰子は大原野神社（京都市西京区）への参詣を予定していたが、晴明と賀茂光栄が日取りの吉凶を占い、翌年に持ち越しとなった。『小右記』には、翌年の寛弘2年（1005）3月、晴明が心身守護の呪術・反閇を行った上で、大原野神社への参詣が無事に行われたことが記されている。晴明が亡くなったのは、その半年後の9月のことである。死の直前まで、晴明は彰子をサポートしたのである。

藤原道長・詮子・彰子関係図

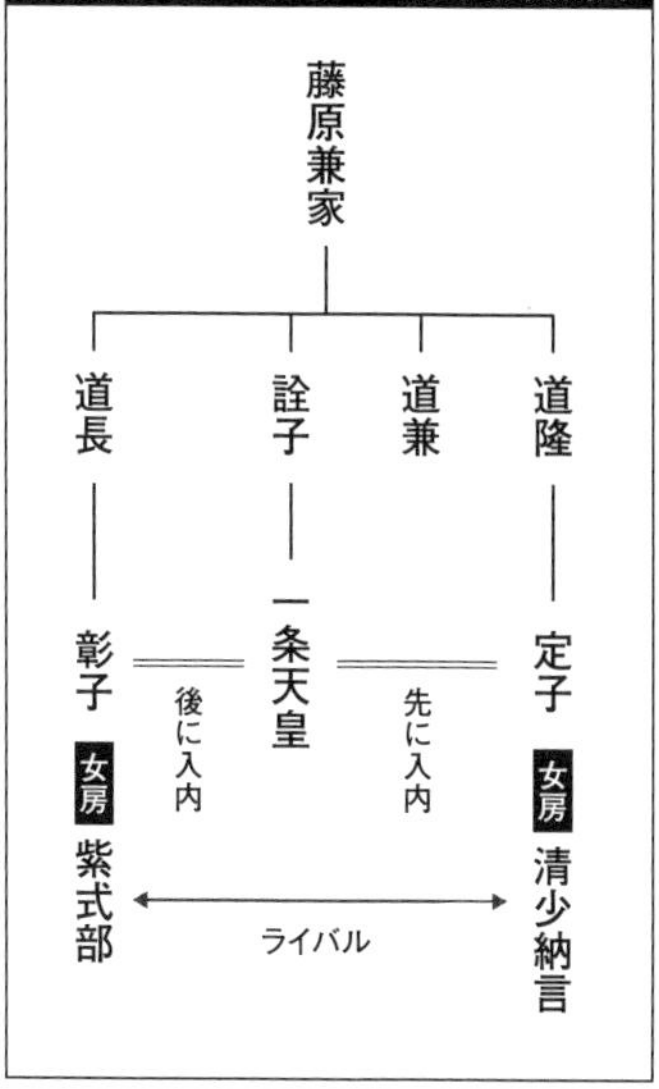

藤原兼家
道隆 ― 定子 [女房] 清少納言
道兼
詮子 ― 一条天皇
道長 ― 彰子 [女房] 紫式部
定子 ＝ 一条天皇（先に入内）
彰子 ＝ 一条天皇（後に入内）
清少納言 ←ライバル→ 紫式部

安倍晴明と面識がなかった源博雅(ひろまさ)

映画化もされた『陰陽師』(夢枕(ゆめまくら)獏(ばく)著)では、安倍晴明の相棒役は源博雅となっている。博雅は延喜18年(918)に、60代醍醐天皇の皇子を父に、左大臣・藤原時平の娘を母に生まれる。晴明が生まれたのは、延喜21年(921)と考えられることから2人は同世代ということになる。晴明は晩年に陰陽師としては異例の従四位下となるが、博雅は承平4年(934)、17歳ですでに従四位下に叙せられている。天延2年(974)には従三位下に叙せられて公卿となり、亡くなったのは天元3年(980)である。

晴明の師である賀茂保憲が貞元2年(977)に没すると、晴明は陰陽寮の長老となり、多くの上級貴族と関係するようになる。そのため、貞元2年から天元3年までの4年弱のわずかな間ではあるが2人が顔を合わせた可能性はある。ただし、博雅は皇太后のお世話をする皇太后宮の副長官である皇太后宮権大夫(ごんのだいぶ)だった。また2人の官位の差も大きく、2人は面識がなかったと考える方が自然だろう。

安倍晴明のライバルたち

安倍晴明と並び立つ陰陽師

陰陽師たちが活躍した平安京

安倍晴明が活躍したのは、延暦13年（794）に遷都された平安京である。陰陽師たちの役割が平安京で重視されるようになったのは、この遷都と無関係ではない。延暦3年（784）に50代桓武天皇が奈良の平城京から長岡京への遷都を計画した。ところが、この遷都計画において有力推進者が暗殺された。その首謀者とされたのが、桓武天皇の弟・早良（さわら）親王だった。早良親王は無実を訴えて断食し、淡路島に配流される途中で餓死してしまった。すると、長岡京で凶事が頻発する。相次ぐ不幸や災難に桓武天皇が陰陽師に占わせたところ、早良親王の祟りだと判明した。そこで桓武天皇は陰陽師を淡路島に派遣し、鎮魂の祭祀を執り行わせた。長岡京はわずか10年で廃都となり、平安京に遷都されたのである。そのため、平安京では陰陽寮が重視され、多くの陰陽師が活躍することになる。

隠形の術で魔物から逃れた 滋岳川人(しげおかのかわひと)

陰陽師の呪術師化の先駆け

後世、特に江戸時代に大陰陽師として神格化された安倍晴明だが、晴明自身が生きていた平安時代中期に神格化されていたのが、滋岳川人である。もとは刀岐直(ときのあたい)川人という名だったが、斉衡元年（854）に滋岳の姓を賜った。川人の生年はわかっていないが、晴明が生まれる半世紀ほど前の貞観16年（874）に亡くなっている。

説話集『今昔物語集』には、55代文徳天皇が崩御した際のエピソードが記されている。陰陽博士だった川人は天皇の陵墓地を決めるために、大納言・安倍安仁(やすひと)に伴って視察に出かけた。その帰り道、川人は後ろから土神(つちのかみ)が追ってくることを察知した。すぐに川人は安仁に危険が近づいてくることを告げた。どうやら、土神を怒らせるような重大な過ちを犯してしまったらしく追ってきたようである。川人は慌てる安仁を田の中に座らせ、稲束を積み上げた。そして、禹歩(うほ)と呼ばれる呪術ステップで周囲を歩きながら呪文を唱えた。こ

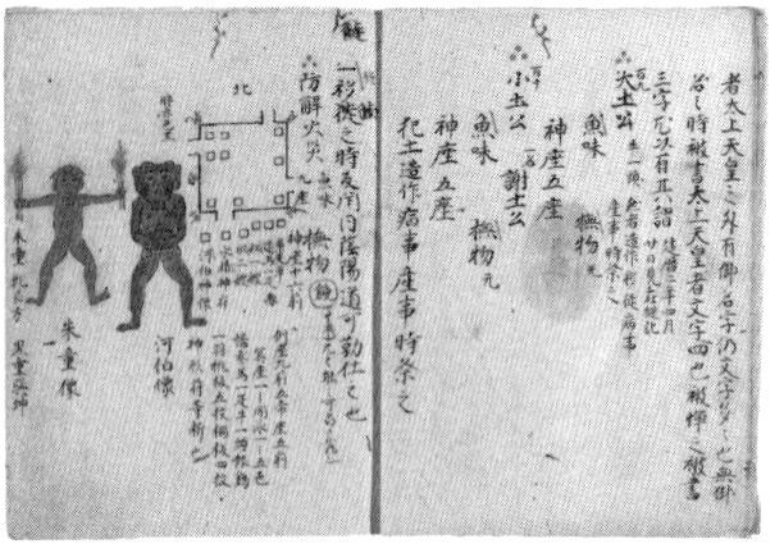

『若杉家文書』文肝抄
京都府立京都学・歴彩館 蔵
文肝抄は陰陽道の祭祀についての解説書で、土神の土公について記されている。左には河伯や朱童といった中国の河川の神々などが描かれている。

れは邪鬼から姿を隠す遁甲隠形の術で、川人は自らの姿も隠した。

するとそこへ千万もの物の怪が現れ、2人を探しはじめた。しかし、どうしても見つからないため、物の怪たちは「大晦日の夜半に集まって、土の下であれ、空の上であれ、しらみつぶしに探そう」と話し合った。

大晦日、川人は安仁とともに嵯峨寺へ行き、天井に登った。安仁が三密を行じる中、川人は呪文を唱え続けた。やがて、生臭い風が吹いたかと思うと家鳴りがして何者かが通り過ぎていって静かになった。こうして2人は無事に朝を迎えることができた。安仁は川人に感謝し、川人は類まれな陰陽師として語り継がれるようになったという。

日本独自の陰陽道書成立の立役者

9世紀の歴史書『日本三代実録』の天安2年（858）の記録には、実際に安仁が行った陵墓地への視察の随行員の1人として川人がいたことが記されている。この他、陰陽博士だった川人が、貞観元年（859）8月や貞観5年（863）2月に大和国吉野（現在の奈良県吉野町）で高山祭と呼ばれる害虫除けの祭祀を行った記録がある。貞観8年（866）には、日照りによる飢饉（ききん）によって高山祭が行われている。この時の高山祭に、川人の名はないが陰陽博士として参加したものと考えられる。9世紀は、陰陽道における祭祀が現れはじめる時期とされ、『今昔物語集』に見られるように、川人は陰陽道が呪術化する流れを導いた人物である。

また川人は実際に優秀な陰陽師だったようで、のちに陰陽寮の長官・陰陽頭（陰陽博士兼務）になっている。そして、川人は『世要動静経（せようどうせいきょう）』『滋川新術遁甲書（じせんしんじゅつとんこうしょ）』『指掌宿曜経（ししょうすくようきょう）』といった書を著した。それらの書は現存していないが、その後の陰陽道書には、川人の著作の引用が多くある。こうしたことから、川人はそれまで中国からもたらされた書物に頼っていた陰陽道において、日本独自の陰陽道書成立の立役者ともいえる。

『宿曜経』
同志社大学図書館 蔵
宿曜経はインドの暦学と占星術の書で、平安時代初期に日本に伝わった。宿曜経を元にした宿曜道は密教僧の占術に用いられるようになった。

安倍晴明の命を奪った蘆屋道満

呪術対決をした安倍晴明の敵役

安倍晴明の最大のライバルとして創作物に描かれるのが、陰陽寮に属さない民間陰陽師である蘆屋道満である。道満のエピソードで有名なものとして、『安倍晴明物語』や浄瑠璃『信太妻』『蘆屋道満大内鑑』などに記された2人の対決がある。京での晴明の名声を聞いた道満は術比べをするために播磨国（現在の兵庫県南西部）から上京した。道満はミカンを従者に、木の枝を太刀や薙刀に変えた大行列で、晴明宅を訪れて勝負を挑んだ。晴明は、天皇の許可を得た上で、敗者が勝者の弟子になることを条件に宮中で術比べをすることになった。

道満が庭にあった白砂に呪術を施して投げると、白砂は一斉にツバメと化した。これに対して、晴明が扇を取り出して叩くとツバメは元の白砂に戻った。次に占術の勝負となった。木の箱に入っている中身を当てるというもので、中にはミカン15個が入っている。先

に道満がミカン15個というと、晴明はネズミ15匹と答えた。公的な陰陽師である晴明が民間陰陽師に負けることに焦った役人が躊躇(ちゅうちょ)しながら開けると、そこには晴明が言った通り、ネズミが15匹入っていた。晴明は術を使ってミカンをネズミに変えていたのである。こうして道満は晴明の弟子になることとなった。

話はここで終わらない。その後、晴明は唐の伯道上人に弟子入りするために入唐する。

晴明が不在中の3年3ヶ月の間、道満は晴明の妻・梨花と密通して、晴明が秘蔵していた陰陽道の秘伝の書である『簠簋内伝(ほきないでん)』を手に入れて書き写した。その後、帰国した晴明に対して道満は、『簠簋内伝』が夢に出てきて全て習得したことを

『北斎漫画』安倍晴明・蘆屋道満　国立国会図書館 蔵
説話集や物語では、蘆屋道満は晴明と対峙する民間陰陽師として登場する。

伝える。そのようなことがあるわけがないと否定する晴明に対して、道満は命を賭けることを提案する。道満は書写した『簠簋内伝』を晴明に見せると、約束通り晴明を殺害するのである。その後、晴明は来日した伯道上人によって復活する（43ページ参照）。伯道は道満に晴明が生きていることを伝え、これを否定する道満に命を賭けることを提案する。晴明が蘇っていたため、今度は道満が首を刎ねられることになった。

公式な裁判記録に残された道満の名

浄瑠璃や歌舞伎などで晴明と対決する道満のエピソードはフィクションだが、実はその実在を示す史料も残されている。一次史料である『権記』や『日本紀略』などには、晴明が没した4年後の寛弘6年（1009）に発覚した、中宮彰子と第二皇子の敦成（あつひら）親王、藤原道長への呪詛事件について記されている。この年の1月、内裏から3人を呪詛する呪物が発見され、翌月、法師陰陽師（民間陰陽師）である円能と源念（源心）が検非違使（けびいし）（治安を取り締まる役人・当時の警察）に逮捕され、尋問を受けた。

『政事要略』にはこの呪詛事件の裁判記録「罪名勘文（ざいめいかんもん）」が収録されており、呪詛グループの一員として「道摩（道満）法師」の名がある。円能の供述によると、道長の甥で政敵だった藤原伊周（これちか）の叔母・高階光子（たかしなのこうし）のもとに「道摩」という法師陰陽師が出入りしていたという。このことから道満はまったくの架空の人物ともいえないのだ。

54ページでは説話集『古今著聞集』に記された道長への呪詛のエピソードを紹介した。呪物を埋められていることを察知した白犬が道長のすそを噛んで引き留め、呼び出された晴明が呪詛者を道摩（道満）と特定する話である。その後、道摩は播磨国に追放されることになった。地域の伝承などを収録した14世紀の地誌『峯相記（ほうそうき）』には、寛弘6年の呪詛事件ののち、道満が播磨国佐用（現在の兵庫県佐用町）に流されたことが記されている。ちなみに『古今著聞集』では呪詛の首謀者は藤原顕光（あさみつ）だが、『峯相記』では史実通り、藤原伊周となっている。これらの説話や地誌はある程度、史実をベースにしていることがうかがえる。

民間陰陽師による伝説化

民間の陰陽道では、魔除けの図形として、セーマンとドーマンというものがある。セーマンとは、一筆書きの五芒星の図形で晴明紋とも呼ばれ、晴明神社の社紋にもなっている。一方、ドーマンは陰陽道や修験道で用いられる「九字切り」の呪法を図形化したものだ。

九字切りは、手で刀を模した剣印または刀印という印を結び、縦4本、横5本交互に空間を切り邪気を祓う。晴明に由来するセーマンに対して、九字を図形化したドーマンは、道満に由来するといわれる。

佐用町には、谷を隔てて晴明塚と道満塚が残されている。安政3年（1856）に美作国川原村（現在の岡山県山陽町）の陰陽師から伝授されたとされる道満塚の由来書によると、川原村の陰陽師は道満の子孫を名乗っていたという。この他にも道満の墓は、栃木県那須塩原市や鳥取県赤碕町などにも残っている。後世に各地の陰陽師村が自らの正統性を高めるために晴明出生の伝承地としたのと同じようなことが、道満においても行われたことがうかがえる。

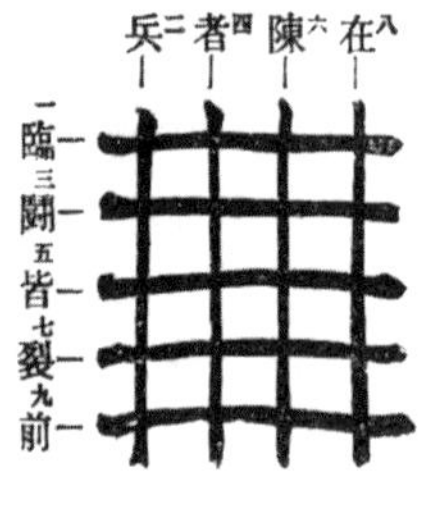

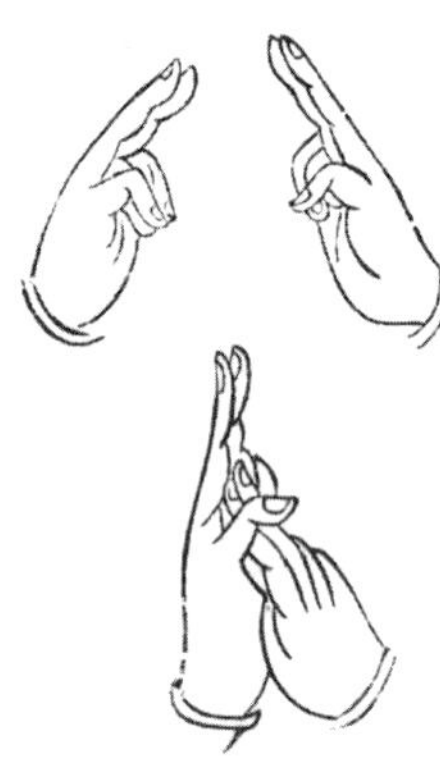

『加持祈祷神伝』九字の切り方
国立国会図書館 蔵
横、縦、横…の順に、「臨・兵・闘・者・皆・陣・烈・在・前」と唱えながら剣印を切る呪術で、ドーマンはこれを図形化したものである。

ライバル3

播磨国出身の法師陰陽師 智徳（ちとく）

人々を助ける地方陰陽師の姿

説話集で蘆屋道満とともに安倍晴明の敵役として描かれたのが、法師陰陽師の智徳である。『今昔物語集』や『宇治拾遺物語』には、式神を操る智徳の様子が紹介されている。ある日、播磨国（現在の兵庫県）の明石沖で、大荷物を積んだ船が海賊に襲撃され、船員が殺されて荷物をことごとく奪われてしまった。海に飛び込んで難を逃れた船主と1人の船員が、泳ぎ着いた岸で泣いているところに智徳が現れた。

事情を聞いた智徳は、海賊を捕らえることを約束する。智徳は船主を伴って襲撃された同時刻に現場に行

『今昔物語集』（鈴鹿本）　京都大学附属図書館 蔵
『今昔物語集』の最古の写本。平安時代末期に書かれた『今昔物語集』は1000以上の説話が載っており、陰陽師が登場するエピソードも多い。

き、船を浮かべた。そして、海の上に何かを書いて呪文を唱えた。陸に戻った智徳は何者かを捕らえるような仕草をした。それから4〜5日後、どこからともなく1艘の漂流船が現れ、船中には武器を持った大勢の海賊たちが乗っていた。海賊たちはすっかり酔っぱらったように倒れており、奪われた荷物もそのままだったという。智徳は式神を操って、海賊たちを襲わせてことごとく前後不覚にしたのである。

安倍晴明に隠された智徳の式神

播磨国の人々を助ける民間陰陽師として描かれる智徳には、晴明に呪術比べを挑みにやってくる話も『宇治拾遺物語』にある。師である賀茂忠行が亡くなってから間もない頃、晴明のもとに僧形の老人が童子2人を伴って現れた。老人は播磨国の智徳と名乗り、陰陽道を教えてほしいと晴明に願い出た。晴明は智徳が晴明の実力を試しにやってきたことを察知し、2人の童子が式神であることを見抜いた。

そこで晴明は、心の中で「式神ならば召し隠せ」と念じ、袖の中で印を結び、聞こえないように小声で呪文を唱えた。印は基本的に他者に見せない。晴明の肖像画でも手が袖で隠れているのは、袖の中で印を結んでいるためといわれる。その後、晴明は智徳に「今日は時間がないので後日、吉日を選んでお越しください。その時には陰陽道を教授しましょう」と約束した。お礼を言ってその場を辞した智徳だったが、しばらく歩いて童子2人がいないことに気づいた。

慌てて晴明の邸宅に戻ってきた智徳は晴明に「童子2人を返してほしい」と願い出て非礼を詫びた。そこで晴明が呪文を唱えると、外から2人の童子が駆け戻ってきた。智徳は「式神を操ることはできるが、人の式神を隠すことは簡単にはできません」と驚嘆し、その場で弟子入りしたという。

安倍晴明のライバルが播磨国出身の理由

智徳は創作の人物と考えられ、蘆屋道満と同一視されることもある。注目すべきは智徳も道満も播磨国の出身である点だ。一方、晴明は播磨守（はりまのかみ）、滋岳川人は播磨権介（はりまのごんのすけ）に任じられている。また陰陽道の基礎を日本にもたらした吉備真備は、播磨国に隣接する吉備国（現在の岡山県）の出身である。

播磨国と吉備国は百済（くだら）、新羅（しらぎ）、高句麗（こうくり）の朝鮮三国からの渡来人の一大拠点があった地である。陰陽道の基礎理論はもともと中国で生まれたものであり、瀬戸内海の他に陰陽道が

天体望遠鏡せいめい（岡山県浅口市）
平成30年（2018）に完成した、京都大学岡山天文台の天体望遠鏡せいめいは、天文に通じた「安倍晴明」にちなんで名づけられた。

発展したのは、北部九州や近江国（現在の滋賀県）といった、いずれも大陸との海上交通路の要衝地である。そのため、奈良時代の陰陽師の多くは渡来系氏族だった。ちなみに陰陽道の二大宗家となる賀茂家も百済系の氏族である。

また瀬戸内海は北に中国山地、南に四国山地がそびえているために風雨がさえぎられ、降雨が少なく天候が穏やかであることで知られる。現在でも天体観測施設が設置されており、京都大学の岡山天文台には東アジア最大級の天体望遠鏡「せいめい」がある。播磨国や吉備国は古くから天体観測に最適な地でもあったのである。

晴明と蘆屋道満や智徳との対立構造は、播磨国の官職を与えられた中央の官人陰陽師と、陰陽師の本拠地ともいえる地で知識・技術を高めた民間陰陽師との競合を象徴的にあらわしているともいえるだろう。

ライバル4

師にして陰陽道の一大権威 賀茂保憲（かものやすのり）

早くから活躍した天才肌の陰陽師

11世紀前半に記された、源経頼の日記『左経記』には、「当朝、保憲をもって陰陽の規模（手本）となす」とあるように賀茂保憲は陰陽道の一大権威として認識されており、安倍晴明が活躍するようになるのは保憲の死後のことである。そのため、実質的な晴明の最大のライバルは、師として晴明を高く評価した保憲といえるだろう。

保憲は延喜17年（917）に賀茂忠行の子として生まれた。父・忠行は賀茂家から最初に誕生した陰陽師で、説話集『今昔物語集』では、忠行が百鬼夜行を見た晴明に驚嘆し、自らの知識と術を晴明に教えたとされるが、保憲についても非凡な才を見出している。忠行が祈禱（きとう）のために外出する際に10歳ほどだった保憲も同行した。ところが帰りの牛車で保憲は、「先ほどの祈禱の場所で、人ではない異形の者が20～30人ほどやってきて、供物を食べていました」と忠行に伝えた。忠行は、「陰陽道に優れた私ですら幼い頃に鬼神を見

『百鬼夜行絵巻』　国立国会図書館 蔵
平安時代には夜な夜な百鬼夜行と呼ばれる物の怪たちが行列をなすと恐れられた。百鬼夜行を見ることができる陰陽師は優秀とされた。

ることはなかった」と驚いたという。

実際に保憲は非常に優秀だったようで、天慶4年（941）には、暦道生の身分でありながら、暦道博士とともに暦をつくっている。賀茂家は日本最古の神社の一つとして知られる大神（おおみわ）神社（奈良県桜井市）の神を祖先とする三輪（みわ）氏系の流れを汲む葛城氏の子孫で、修験道の開祖・役小角が出ている。また陰陽道の基礎を日本に伝えた吉備真備を、陰陽師となった賀茂家の祖とされている。

ただし、忠行以前の賀茂氏の系図は後世に手を加えられた可能性が高く、保憲が生まれた賀茂家は、一族の中でも身分の高くない庶流だったと考えられる。賀茂家は忠行から陰陽道を家業にした最初の一族で、保憲は父から陰陽道の知識を、出身の葛城氏から暦道を学んだとみられる。陰陽師のサラブレットともいえる存在だったことから、早くから能力を発揮できたのだろう。

陰陽頭から天文博士へ

保憲は晴明の4歳年上だが、陰陽師としてのキャリアには大きな開きがあった。保憲はその後、暦道博士、さらには陰陽寮の長官である陰陽頭となった。晴明が天文得業生（研究生）となった天徳4年（960）の時に、保憲は陰陽頭から天文博士に移っている。天文博士の保憲と天文得業生の晴明は、師弟の関係となったのである。

陰陽頭から天文博士への異動は、一見、降格人事に見えるが、陰陽頭が管理職的な役職であるのに対して、天文博士は専門職であり、天皇に直接天変を伝える、天文密奏ができる立場である。また保憲は、秦（惟宗）具瞻と交代で陰陽頭となったという背景もある。具瞻の子孫は、賀茂家、安倍家と並んで陰陽頭を輩出している。13世紀の説話集『続古事談』には、晴明は最初、具瞻に弟子入りしたが、晴明の才を引き立てな

『皇国二十四功』吉備大臣
国立国会図書館 蔵
後世に阿倍仲麻呂が安倍晴明の先祖とされたように、陰陽道に関する書物を日本にもたらした吉備真備は賀茂家の先祖とされた。

かったため、師を保憲に変えたとしている。

保憲が天文博士になった年、内裏が大火災に遭い、三種の神器に次ぐレガリアである大刀契が焼失した。この霊剣の復元のために、剣身に描かれていた星々の文様を調査・復元することが保憲に命じられた。この霊剣復元について、後世に晴明が自らの功績にしたことは前述した通りである（20ページ参照）。翌年、剣が無事復元されると、保憲は剣に神霊を宿らすための三公五帝祭を行った。この時に助手を務めたのが晴明である。

安倍晴明の手本となった賀茂保憲

大刀契は天皇が外出する際にともに持ち出される霊剣で、天皇の身を守護する役割があったと考えられる。後年、晴明は皇族や藤原氏などに反閇の儀式を行うが、霊剣焼失を契機に反閇が保憲によって行われている。晴明が頻繁に行った反閇は保憲から晴明に受け継がれた呪術だった可能性が高い。

また陰陽道には、方位によって凶を避ける「方違え（かたたがえ）」があるが、他の陰陽師が方角の起点を個人とするのに対して、保憲は起点を本人の居宅とする説を主張し、方違えの作法に大きな影響を与えた。

保憲はその後も順調に出世し、陰陽寮を離れ、穀倉院別当や主計頭に任じられたが、病気や凶事があった者からの依頼で、占いや祈禱などを行った。陰陽寮外でのプライベートな呪術の奉仕が慣例化したきっかけをつくったのも保憲だった。

保憲は最終的に、陰陽師としては異例の従四位下となった。説話集では父・忠行は第一級の陰陽師として描かれ、『今昔物語集』では「当時も並ぶ者なし」と評しているが、実際には保憲の時代に賀茂家は台頭するようになった。忠行が貴族の末席である従五位下に叙されたのも保憲の要請によるものだった。

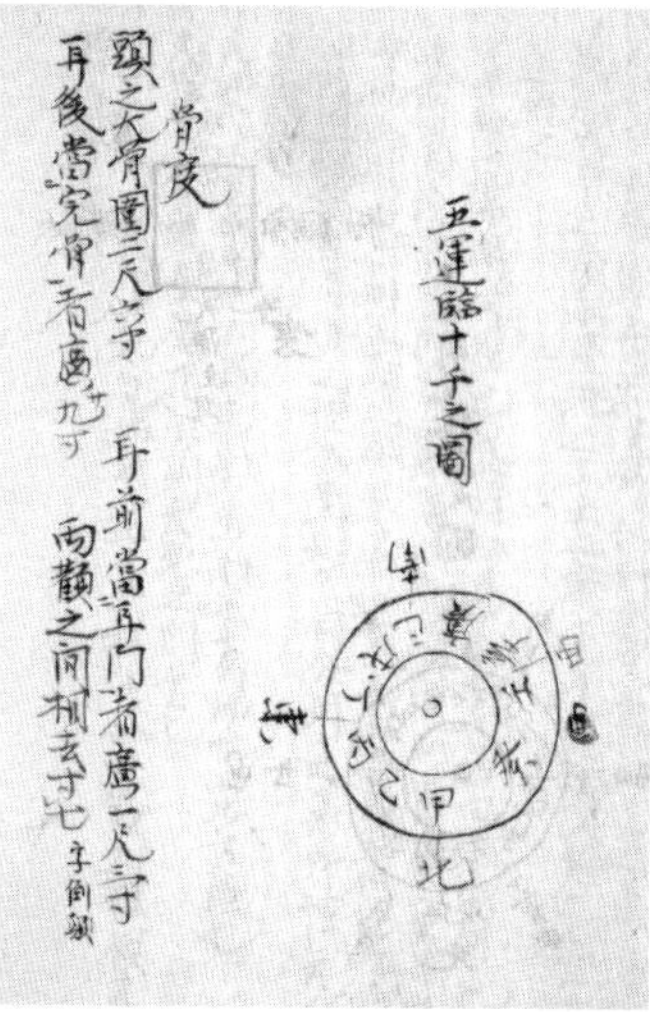

『三才陰陽小抜』 国立国会図書館 蔵
陰陽道では方位に吉凶があると考えられており、賀茂保憲はその起点が本人ではなく、居住地とした。

貞観2年（977）、保憲が没すると、晴明は陰陽道の長老として、天皇をはじめ多くの要人から信頼を得て出世をするが、保憲という手本があったからこそ、活躍できたといえるだろう。

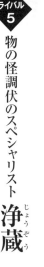

ライバル5

物の怪調伏のスペシャリスト 浄蔵（じょうぞう）

安倍晴明並みの呪術を発揮

浄蔵は天台宗の僧侶で陰陽師ではないが、のちに安倍晴明ら陰陽師が担った物の怪調伏を得意とした人物である。浄蔵は密教僧でありながら、陰陽道にもある程度精通していたと考えられる。浄蔵が生まれたのは寛平3年（891）のことで、晴明の30歳年上ということになる。浄蔵の父・三善清行（みよしきよゆき）は文章（もんじょう）博士を務めた人物で、中国の典籍に精通していたことから陰陽道にも通じ、天のサイクルによって世の中が大きく動くことを説いた「三革思想」に基づいて60代醍醐天皇に改元を提案している。浄蔵はのちに陰陽道とも関連している庚申（こうしん）信仰に基づいた八坂庚申堂を建立していることから、陰陽家としての素養や知識は息子の浄蔵にも引き継がれたと考えられる。

説話集には、晴明のエピソードにも引けを取らない、さまざまな逸話が記されている。例えば『古今著聞集』では、浄蔵が修験者から呪術対決を申し込まれ、浄蔵が大岩を浮かし、修験者がその岩を落とそうとしたところ、2人の力が拮抗して大岩は真っ二つに割れたという話がある。

共通する浄蔵と安倍晴明の逸話

11世紀に成立した歴史書『扶桑略記（ふそうりゃっき）』には、晴明を彷彿（ほうふつ）とさせる浄蔵のエピソードが多い。延喜18年（918）、熊野に修行に向かう途中、父・清行が亡くなったことを察知した。急いで都に戻ったところ、橋の上で葬儀の列とすれ違った。この葬列が父のものであることを知った浄蔵が経を唱えると、父は蘇生したという。清行が死者の国から戻ってきたことからこの橋は一条戻橋と呼ばれるようになったとされる。一条戻橋といえば、晴明が式神を隠した場所であり、また死者の蘇生は晴明が創始した泰山府君祭に通じるものだ。浄蔵は熊野で修行したが、晴明もまた熊野の那智の滝で千日修行を行った伝承が残っている。

『扶桑皇統記図会』三善清行
国立国会図書館 蔵
浄蔵の父・三善清行は陰陽道にも通じており、『扶桑皇統記図会』には、清行の側に易占に用いる筮竹（ぜいちく）」や天球儀が描かれている。

一条戻橋（京都市上京区）
浄蔵が父を蘇らせたことから「一条戻橋」と呼ばれるようになった。安倍晴明はこの橋の下に式神を隠していたという。

関東で乱を起こした平将門に対して、天慶3年（940）に比叡山延暦寺で浄蔵が大威徳法という調伏の呪術を行った。この呪術のさなか、ロウソクの火の上に将門の映像が映し出され、やがて鏑矢が鳴る音がして東へ飛んでいった。後日、この時刻に将門が打たれたことが判明したという。平安時代には民間陰陽師などによってさまざまな呪詛が行われたが、同様のことを密教僧も行えたことがわかる。

浄蔵は都中の人々を恐れさせた菅原道真の怨霊とも対峙している。道真は右大臣にまで出世しながら、左大臣・藤原時平の讒言によって大宰権帥に左遷され、非業の死を遂げた。死後、都で天変地異が起こり、清涼殿に落雷があったことから天神として恐れられ、神として祀られるようになった。病となった時平が、浄蔵に祈禱を頼んだところ、時平の両耳から青龍となった道真の怨霊が現れた。道真の怨霊は同席していた清行に自らの正当性を訴えた。これによって浄蔵は祈禱を止めたため、時平はほどなく命を落としたという。父・清行は道真の同僚で、道真が右大臣となり人々か

『北野天神絵巻』（弘安本）　東京国立博物館 蔵　TNM Image Archives 提供
修行中に命を落とした日蔵は地獄で菅原道真と出会ったのち、復活する。こうした密教僧の復活譚は安倍晴明の伝説にも取り入れられた。

ら嫉妬された際には引退することを勧めた過去がある。浄蔵は怨霊との対峙もまた経験しているのだ。

ちなみに、浄蔵の弟の日蔵も道真に会うエピソードがある。真言宗の僧侶となった日蔵は熊野の金峯山で修行した修験者で、『道賢上人冥途記』には、道賢（日蔵）の臨死体験が記されている。日蔵は、延喜16年（916）に12歳で金峯山に入って無言と断食の修行を開始した。ところが天慶4年（941）に修行中に急死してしまった。日蔵は浄土に行き、日本太政威徳天となった菅原道真と出会ったという。

浄蔵のエピソードが晴明と似通っている、というよりも晴明のエピソードが浄蔵に対抗したものといえるだろう。陰陽道における呪術師の代表格となった晴明のエピソードは、密教における呪術師の代表格だった浄蔵を強く意識したものとも考えられる。

占いのスペシャリスト 弓削是雄（ゆげのこれお）

滋岳川人と同世代の陰陽師で、後世に名を残した陰陽師に弓削是雄がいる。川人が陰陽寮における呪術のパイオニアだとすれば、是雄は式占（ちょくせん）＝占いに秀でた人物だった。説話集『今昔物語集』では、貞観6年（864）に是雄が夢占いをした記述がある。近江国（現在の滋賀県）の国司から祭祀を依頼されて宿に滞在していたところ、東国から戻ってきた伴世継（とものよつぎ）という男が同じ宿に泊まった。その夜、世継は悪夢にうなされた。そこで是雄が占ったところ、世継の家に命を狙う刺客が潜んでいるという結果が出た。驚いた世継が対処法を相談すると、刺客は世継の家の丑寅（うしとら）の方角（北東＝鬼門）に隠れているため、丑寅の方角に弓を構えて、「速やかに出てこい。さもなくば射殺（いころ）すぞ」と言うように伝えた。翌日、帰宅した世継が言われた通りにすると、1人の法師が出てきた。この法師の主人と世継の妻が不義密通しており、世継が邪魔になったために殺すように命じられたという。世継は是雄に深く感謝し、法師を検非違使に引き渡し、妻と離婚した。是雄は実在の人物で、仁和元年（885）～寛平4年（892）まで陰陽頭となっている。

陰陽道で
ひもとく
闇の日本史

縄文時代

日本の呪術の起源と謎の呪物「土偶」

女性の姿をした大地の神

陰陽道に代表される日本の呪術の源流は、文字のない縄文時代にまでさかのぼる。縄文時代は約1万年も続いたが、世界的に見て安定した狩猟採集社会が長期的継続した例はない。縄文時代のはじまりは諸説あるが、氷河期が終わった1万3000年前頃とみられている。縄文時代を象徴するものが土偶である。土偶には時代や地域によって違いが大きいが、全体として女性をかたどったものが多い。土偶の顔はおよそ人間とは思えない異形となっているが、体は乳房を思わせる胸の膨らみや、大きな尻、出産後に残る妊娠線を思わせる正中線などが誇張的にあらわされている。

一方で、手や足などの細部は簡略化されている。こうしたことから土偶が出産や成長を象徴する意味があるとも考えられる。また出土したほとんどの土偶は手足や首を失った姿となっている。土偶の中には内部が空洞となっている中空土偶と呼ばれるものもあり、破壊しやすい構造で製作されたと考えられている。土偶を破壊する理由はわかっていないが、世界中の原始信仰では、大地を女神とする地母神信仰がある。子どもを産む女性と、植物を育て生命を育む大地は結びつけられて考えられていたのだ。

現存する日本最古の歴史書『古事記』や最古の正史『日本書紀』には食物を司る女神が登場し、この女神が斬り殺されるとそこから五穀が生えてくる神話が描かれている。縄文時代に女性をかたどった土偶を破壊して、大地の生産力を高める信仰があり、それが神話の形となって語り継がれたとも考えられるのだ。また神道では、病気や不幸の原因となる穢(けが)れを、人間の形に模した紙・人形(ひとがた)に移して流すことで、穢れが祓(はら)われるとする考えがある。現在でも毎年6月30日と12月31日に神道の大祓(おおはらえ)の行事が行われる。こうした呪術的処方は「撫で物」と呼ばれ、古代から行われており、やがて陰陽道に引き継がれ、現在に至っている。

中空土偶
函館市縄文文化交流センター 蔵
内部が空洞になっている中空土偶は、破壊しやすいように意図的につくられたと考えられている。

弥生時代

日本独自の呪術「鬼道（きどう）」と「卑弥呼（ひみこ）」

日本で行われていたオリジナルの呪術

弥生時代になると土偶はつくられなくなり、土器の装飾も簡略化された。土偶や装飾土器に代わって呪術に用いられたのは、人間自身だった。すなわち神懸かりした巫女が神託を告げたり、占いを行うスタイルである。縄文時代が一方的に神に祈りを捧げるのに対して、弥生時代になると神からのアンサーを求める形になったのである。

弥生時代の日本の様子を伝えるものとして、中国で記された『魏志』倭人伝では、倭国大乱と呼ばれる戦乱があったため、各国の王は1人の女王を立てることで、乱を治めたとある。こうして選ばれたのが邪馬台国の女王・卑弥呼である。卑弥呼は「鬼道」を営み、人々を惑わしたとされる。鬼道とは中国の習慣とは異なる呪術や信仰のことで、このことから卑弥呼が日本オリジナルの呪術を用いていたことがわかる。また鬼は中国では死者を意味する言葉のため、何らかの祖霊崇拝の祭祀だったとも考えられる。

『魏志』倭人伝には、「持衰（じさい）」と呼ばれる職業の人物を用いた呪術が描かれている。持衰とは、航海の安全のために船に乗り込み、沐浴や肉食を断って祈りを捧げる職業の人物のことだ。航海が成功すれば多額の報酬を得られるが、もし航海で嵐に遭ったり、事故などが起きた場合は殺されるという命がけの職業である。

中国・魏に使節を送った卑弥呼に対して、魏の皇帝は親魏倭王の金印と100枚の銅鏡を送ったことが記録されている。その銅鏡は、三角縁神獣鏡（さんかくぶちしんじゅうきょう）と考えられているが、近年、その複製品を3Dプリンターで作成し分析したところ、魔鏡だったことが判明した。魔鏡は、鏡面に光を当てると裏面の文様が壁に投影される現象を生む鏡のことである。卑弥呼が用いた鬼道がどのようなものかはわかっていないが、三角縁神獣鏡を用いて、神獣の姿を映し出したのかもしれない。

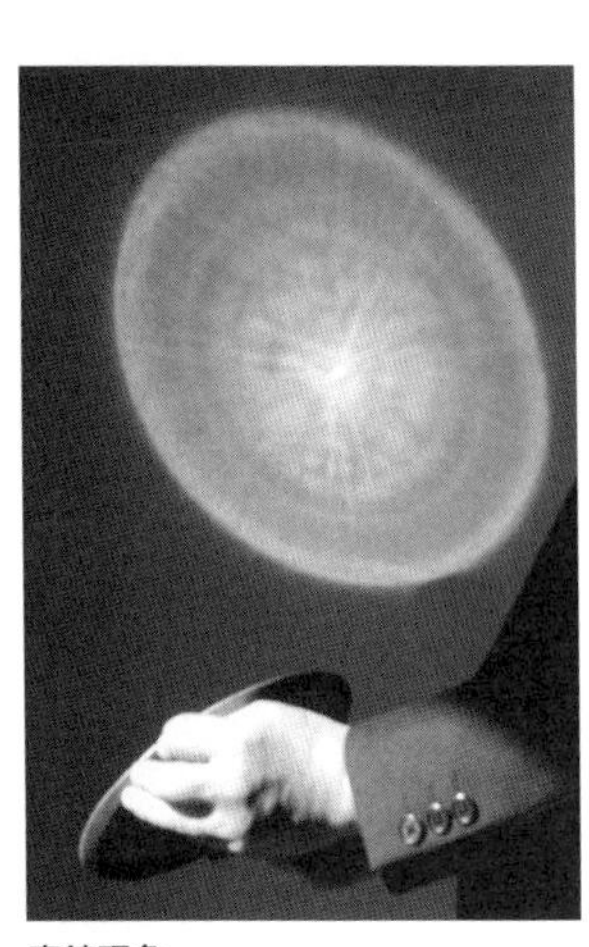

魔鏡現象
毎日新聞社 提供
複製した三角縁神獣鏡に光を当てると、裏側の文様が壁に投影される魔鏡現象が確認された。

古墳時代

「古墳」の呪術と「陰陽五行説(いんようごぎょうせつ)」の伝来

古墳に見る死者への呪術

人物をツールにして呪術が行われていた弥生時代に対して、ヤマト王権が成立した古墳時代には、巨大建造物を使った大規模な呪術イベントである古墳祭祀が行われるようになった。古墳のルーツは弥生時代の墳丘墓で、地方ごとに独自の形式があった。しかし、古墳時代に入ると多様性が失われ、ヤマト王権の勢力下にある地域では前方後円墳が多く築かれるようになった。前方後円墳は各地の墳丘墓の要素を取り込んでおり、大王や首長の墓というだけでなく祭祀場という側面もあった。

古墳にはさまざまな呪術が施されている。遺体を埋葬する石室は、当初は盛り上がった墳丘の上部に大きな竪穴を掘り、そこに棺が安置された。この石室の封印に使われる石の総量は数トンに及ぶ場合もあった。また、竪穴式石室の内部が赤色顔料で朱色に染められているケースも見られる。赤は魔力に対抗する色とされ、古代の宮殿や祭祀施設に使われてきた。『古事記』にも悪霊邪気を祓うために赤土を床に撒いた記述がある。『古事記』や『日本書紀』では古代の天皇が祭祀を行って国を治める様子が描かれている。古墳時代前期の大王や地方の首長といった指導者は宗教的な権威を持った司祭者的な存在だった。そのため、被葬者がこの世に蘇り悪い呪術を使うことを恐れ、厳重に封印したのである。

古墳祭祀
奈良県立橿原考古学研究所附属博物館 蔵
四条古墳（奈良県橿原市）における古墳祭祀の想像図。
古墳は単なる墓ではなく祭祀場でもあった。

やがて石室は墳丘の横側から穴を開けた横穴式に変化する。入り口は再び開けることができる仕組みとなった。これは指導者が司祭者から武人的な性質へと変化していったことが背景にある。被葬者は「封じ込めなければならない存在」ではなくなったのである。『古事記』には、日本の神々を生み出したイザナギが、亡くなった妻・イザナミに会いに黄泉（よみ）の国（死者の国）を訪れる様子が描かれている。生者の国と死者

虎塚古墳の石室壁画レプリカ（茨城県ひたちなか市）
石室内部には幾何学模様の他に、剣・槍・楯などの武器が赤色顔料で描かれている。

の国がつながっている様子を横穴式石室は象徴的にあらわしているともいえる。

この他にも装飾古墳と呼ばれる石室内部に不可思議な幾何学模様が壁面全体に描かれた古墳がある。装飾古墳に描かれた幾何学文様は、円文や連続三角文、菱形文、直弧文、渦巻き文などがある。これらは、太陽や月、星、鏡などをあらわしているとも考えられるが、定かではない。文字を用いず幾何学文様を用いたことに、魔除けなどの何らかの呪術的意味があったことは間違いないだろう。

装飾古墳には、刀や盾、鳥獣、馬や船などが描かれているものもあり、空想上の生き物も見られる。これらは神秘的かつダイナミックに描かれていることから、「馬や船に乗って死後の世界に行く」という死生観をあらわしているという説もある。

6世紀にもたらされた陰陽五行説

５世紀になって文字の使用が進み、社会制度が整えられるとともに、古墳は小規模化していった。もともと古墳には権力者のシンボルであると同時に、埋葬された首長が守護神となって地域が守られるという死生観があった。これに対して、大陸や朝鮮半島から最先端の呪術がもたらされるようになると、造営に莫大な労力がかかる古墳の必要性は失われた。それまでの土偶、人物、古墳といった物理的なツールに重点が置かれた呪術に対して、より学術的に説明される、システム化した儀式が行われるようになったのである。

『日本書紀』には26代継体天皇の時代の西暦５１３年、朝鮮半島の百済から五経博士が派遣されたことが記されている。五経は儒教の聖典で、「詩」「書」「礼」「易」「春秋」を指している。こうして陰陽道の基となる、陰陽五行説や易が初めて日本に伝えられた。西暦５５３年には、ヤマト王権が百済に対して、「当番制となっている医博士、易博士、暦博士を交代してほしい」と申し入れをして、合わせて卜書や暦本、薬物を送るように依頼した記録が残っている。さらに6世紀半ばに仏教をはじめとする中国三大宗教（仏教・儒教・道教）が伝来すると、古墳祭祀は急速に衰退し、やがて古墳は築かれなくなった。

飛鳥時代

陰陽五行説に基づいた「冠位十二階」

陰陽道の基礎理論の大量流入

仏教公伝（国家間で公式に仏教を伝えること）は西暦552年とされる。ただし、厩戸皇子（聖徳太子）の伝記『上宮聖徳法王帝説』を根拠とする仏教伝来の年は西暦538年とされる。いずれにしても6世紀前半から、儒教や仏教をはじめとする知識体系から陰陽道の基礎理論が伝わったことになる。こうして初期陰陽道とも呼べるものが生まれていった。

陰陽道成立に大きな影響を与えたのは、33代推古天皇の時代の西暦602年のことだ。百済の僧侶・観勒が渡来し、天文、地理、暦、遁甲（占術）、方術（仙人が使う術）の書を献上した。さらに3～4人の生徒が選ばれて、観勒のもとで学ばせた。こうした大陸からもたらされる先進的な知識を積極的に用いたのが厩戸皇子である。厩戸皇子は仏教の保護者として知られているが、その他の最新知識にも精通していた。観勒が渡来した翌年に成立した冠位十二階は、陰陽五行説の五行の色（青・赤・黄・白・黒）に、道教（仙人となることを目指す信仰）の最高色（紫）が当てられ、さらに各色を濃淡で区分けした（6色×濃淡＝12色）。厩戸皇子は陰陽五行説や道教の知識を持っていたようだ。

推古天皇の時代になると百済経由ではなく、直接、中国から最先端の知識を取得しようと遣隋使が派遣された。僧侶・旻（みん）は西暦608年に隋にわたり、24年後の34代舒明（じょめい）天皇の時代の632年に帰国した。旻は最新の天文知識をもたらし、637年に東から西の空に轟音とともに火球（流れ星）が現れた際には、中国の歴史書『史記』天文書を引用して、「これは天狗（あまつきつね）であり、その鳴き声は雷に似ている」と説明している。また639年に彗星が現れた際には、唐の天文書『天文要録』の知識から「飢饉（ききん）の予兆」であることを伝えている。天変から未来を予測することはのちの陰陽師に引き継がれた知識である。

冠位十二階と色

徳	大徳	紫
	小徳	
仁	大仁	青 五行の「木」
	小仁	
礼	大礼	赤 五行の「火」
	小礼	
信	大信	黄 五行の「土」
	小信	
義	大義	白 五行の「金」
	小義	
智	大智	黒 五行の「水」
	小智	

飛鳥時代
天智天皇による「時の支配」

皇子時代につくられた日本初の漏刻

のちの陰陽寮の一部門となった漏刻が最初につくられたのは、38代天智天皇の時代である。一見、時刻は陰陽道とは無関係に思われるが、正確な時刻を知ることで、太陽や月、星々の正確な観測記録をつけることができ、日触や月触の計算も可能となる。陰陽道、暦道、天文道のあらゆる分野を支える大事なデータが時刻なのである。

漏刻とは水時計のことである。天智天皇は即位前の中大兄皇子の時代に、僧侶・旻から易経をはじめとする知識を学んだ。最新知識を導入することに積極的だった中大兄皇子は、37代斉明天皇の時代の西暦660年に漏刻をつくったことが記録されている。都があった奈良県明日香村にある飛鳥水落遺跡がこの時つくられた漏刻の付属施設と考えられている。巨大な正方形の基壇を持つ遺跡からは、水利施設や銅管、漏刻本体と思われる漆塗りの木箱などが出土している。さらに天智天皇が即位してから10年後の西暦671年には、近江大津宮（滋賀県大津市）に漏刻をつくり、鐘鼓（しょうこ）を打って時刻を知らせることを開始した。

天智天皇がつくった漏刻がどのようなものだったかはわかっていないが、中国では漢の時代（前206～後8年）にすでに記述がある。図面や絵が描かれた文献も多く残っており、また中国には13世紀以降の漏刻が現存している。ここから推測される漏刻とは、4段階の高さに置いた水槽を4つ並べ、上から一定量の水を流していく。最後の水槽には目盛りのついた木の矢が垂直に置かれ、この目盛りから時刻を知るというものである。

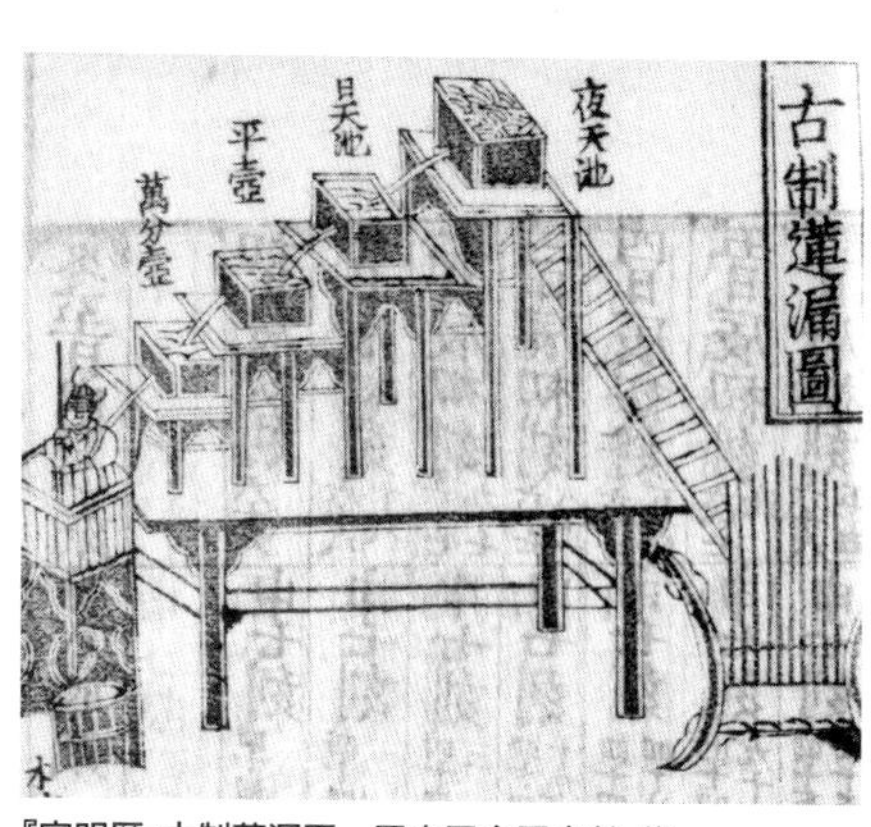

『宣明暦』古制蓮漏図　国立国会図書館 蔵
中国で2000年以上前からあった漏刻は、7世紀に日本でつくられ、朝廷の「時の支配」を担った。

漏刻を導入することは「時の支配」を意味する。統治者が時刻を定めることで、役人の勤務時間や人々の暮らしを管理できるのだ。この漏刻は、その後、大宰府や各地の国府などに置かれ、平安時代末まで利用された。

飛鳥時代

「壬申の乱」の呪術と「陰陽寮」誕生

陰陽道によって勝利した天武天皇

それまで政治や行政、民事の場に用いられてきた初期陰陽道だが、古代日本における最大の内乱・壬申の乱では、初めて呪術が戦に利用された。西暦６７２年、近江大津宮の39代弘文天皇（38代天智天皇の子）と、吉野（現在の奈良県吉野町）に隠棲していた大海人皇子（天智天皇の弟）との間で皇位を巡って内乱が勃発した。

吉野で挙兵した大海人皇子は、三重県名張市あたりで大きな黒雲を見た。そこで大海人皇子は陰陽道で用いられる占いのための道具・式を使って占ったところ、「天下を二分する前兆だが、最後には自らが勝利する」という結果が出た。この結果から大海人皇子は進軍を続けた。その数日後、交通の要衝地である不破関（岐阜県関ヶ原町）で雷雨に遭った際には、天神地祇に祈って雷雨を止めたとある。近江方を破った大海人皇子は、40代天武天皇となった。『日本書紀』には、天武天皇について「天文・遁甲の術に能し」とある。遁甲は中国の伝説上の帝王・尭と舜に仕えた宰相・風后がつくった、戦のための占術である。

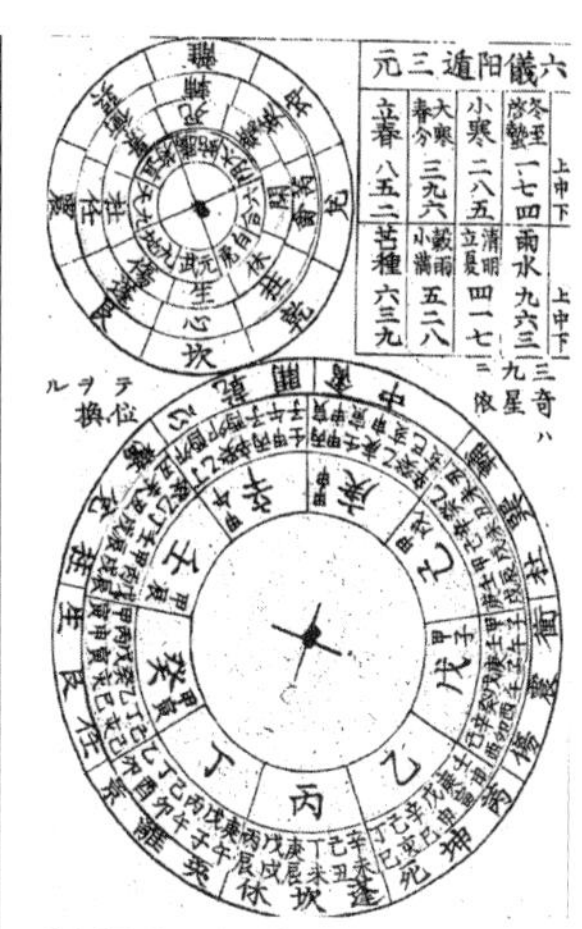

『奇門遁甲千金書』
奇門遁甲天盤地盤
国立国会図書館 蔵
遁甲は33代推古天皇の時代に百済の僧侶によってもたらされた。式と呼ばれる占術用の盤（台）を用いて、方位や陣地の吉凶を占う。

陰陽道を取り扱う国家機関の誕生

天武天皇は陰陽道を国家運営に組み入れ、中国の制度に則って陰陽寮を設置し、天文観測を行う占星台も造営した。『日本書紀』には天武天皇が即位した4年後の西暦675年に、外薬寮（医薬を司った機関）とともに陰陽寮が天皇に薬や宝物を献上したことが記されており、これが「陰陽寮」の初見である。

ヤマト王権の大王が「天皇」号を名乗りはじめたのは、天武天皇（あるいはその后の41代持統天皇）からと考えられている。この天皇号は、中国の思想を強く意識したものだ。陰陽寮を設置したのも、中国の天命思想によるものである。中国では皇帝は「天」から指名された天子とされ、天文や自然現象を読み解くことは、天からのメッセージを読み解くことに通じる。天文観測を行い、天変を事前に察知することは国家の最重要機密であり、陰陽道を用いて災いを避けることできる。また天文の運行を予測する暦をつくることで、日時の吉凶を知ることができるのだ。

天武天皇
東京国立博物館 蔵　TNM image Archives提供
「天皇」号を使用した天武天皇は「天」の思想を意識し、律令制などの中国の政治制度を多く導入した。

「陰陽師」の初見は、西暦684年である。この年、天武天皇は新たな都とすべき地を探すために、技術者とともに陰陽師を畿内に派遣した。天武天皇の時代に陰陽道を扱う専門職「陰陽師」が誕生したわけだが、天武朝の陰陽師は、もっぱら「占い師」としての役割がメインであり、祭祀や呪術を必ずしも扱えたわけではなかった。また陰陽道の基礎理論を旻のような僧侶がもたらしたことから、僧侶が陰陽寮の陰陽師になることも多かった。

奈良時代

遷都地を鑑定した「官人陰陽師」

占術が重視された日本の陰陽師

陰陽寮に代表されるように、40代天武天皇とその后の41代持統天皇の時代には多くの中国の政治体制が導入された。そして、2人の孫である42代文武(もんむ)天皇の時代の大宝元年（701）に大宝律令(たいほうりつりょう)が出されたことで、律令制が確立する。律令制は中国で用いられてきた制度で、「律」は刑法、「令」は民法や行政法を指す。中国とは異なる律令を持った国は、東アジアでは日本のみで、画期的なことだった。

律令制は中国・唐の制度を模したものだが、組織構成は大きく異なっている。天平宝字元年（757）の養老律令を見てみよう。日本の陰陽寮は、長官である陰陽頭の下に、占いを専門に行う陰陽師（6人）、陰陽道（博士1名、学生10名）、天文道（博士1名、学生10名）、漏刻（博士2名、職員20名）、暦道（博士1名、学生10名）で構成されている。

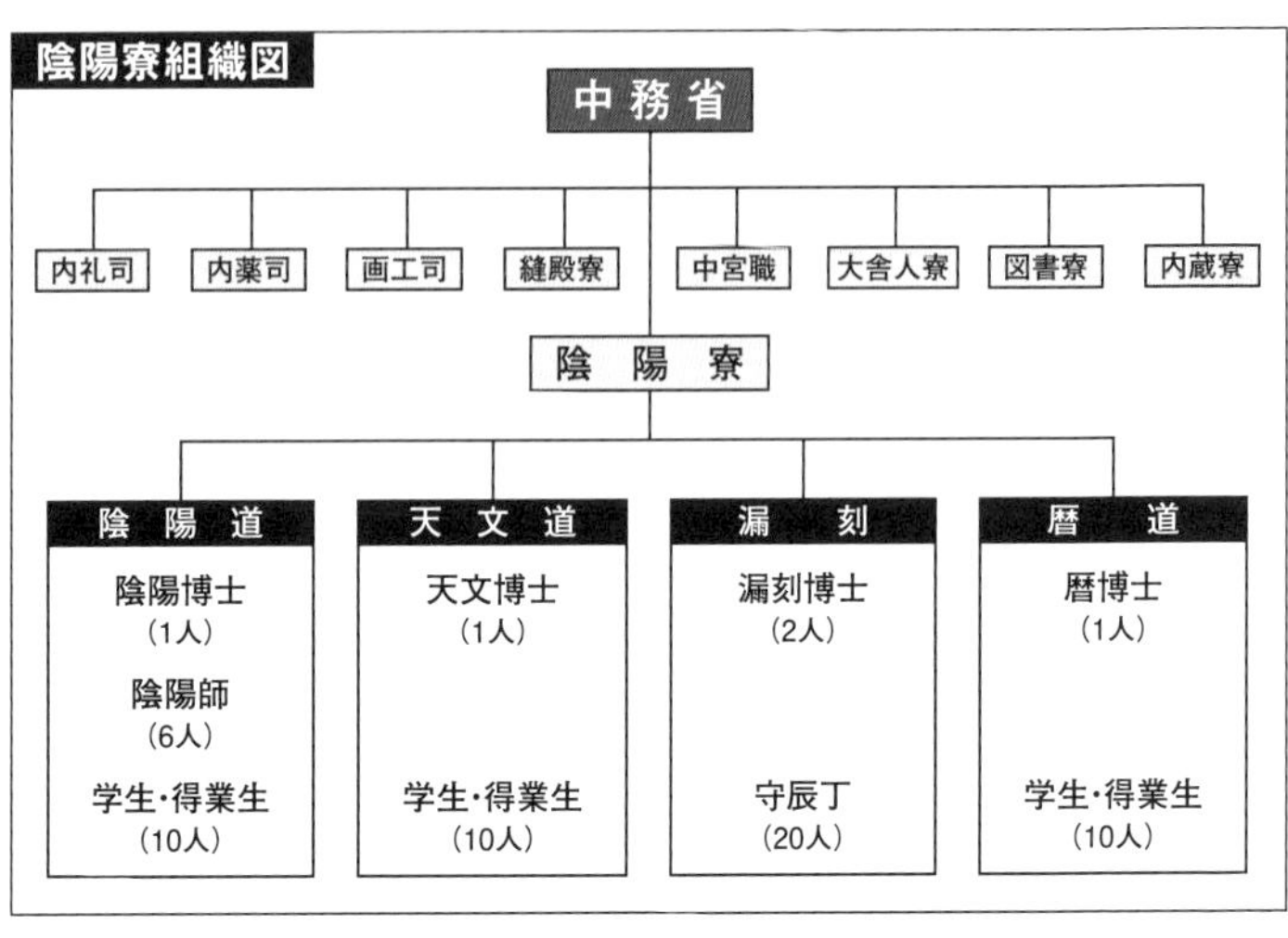

漏刻は24時間、時刻を管理するために2倍の人員となっているが、4つの部門のバランスが取れている。特徴的なのは6名の陰陽師で、陰陽寮は「うらのつかさ」＝「占いの役所」、陰陽頭は「うらのかみ」＝「占いの長官」とも呼ばれたことから、日本における占術重視の姿勢がうかがえる。

　これに対して唐では、天文・暦・漏刻を担当する太史局の人員は、1000人以上いたのに対して、占いを担当する太卜署の人員はその10分の1にも満たない90人程度だった。中国では自然科学分野に多くの人員を割いているのに対して、日本では占術の役所としての側面が強かったのである。

行政機関の一部だった陰陽寮

日本の律令制では、まず祭祀を担当する神祇官と政務を担当する太政官に分けられる。

もともとヤマト王権には、占いを専門に行う卜部（うらべ）と呼ばれる機関があった。動物の骨を焼いてそのヒビから吉凶を占う骨卜（こつぼく）が行われ、6世紀になると百済から亀卜（きぼく）がもたらされ、骨から亀の甲羅に変わった。卜部は律令制では神祇官に属することになったが、占いの主流は陰陽寮に移っていった。

普通に考えれば陰陽寮は神祇官に属するように思われるが、実際には太政官の管轄で、その下にある8つの省のうち、天皇の詔（みことのり）を作成する中務省（なかつかさしょう）に属するのが陰陽寮である。詔は、さまざまな法令や決定事項を伝える公文書である。陰陽道は国家運営に関わる重要部門だったのだ。

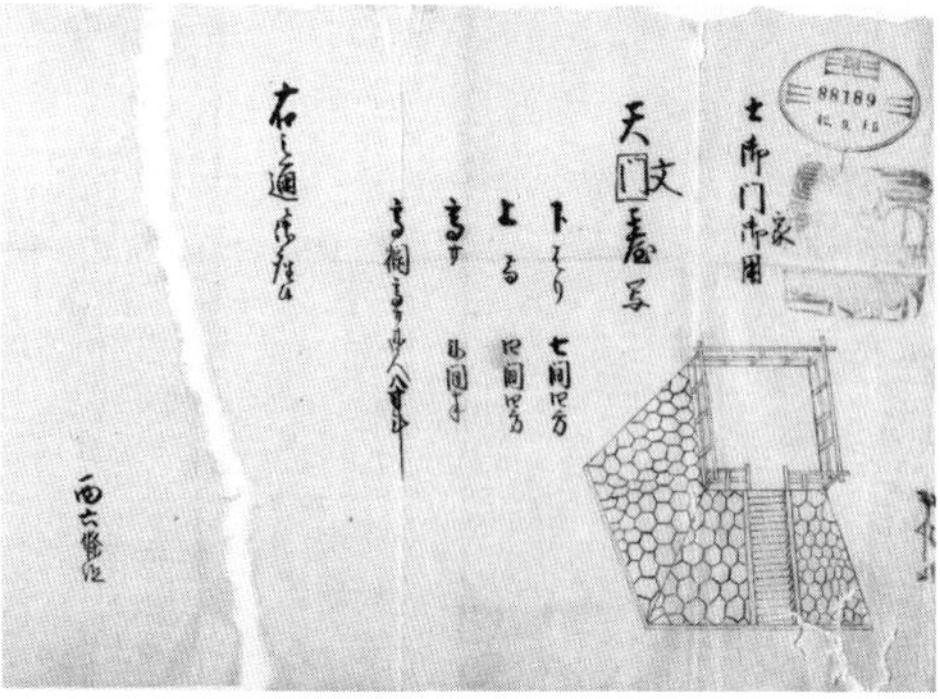

天文台　京都大学附属図書館 蔵
陰陽寮には天文台が置かれ、天文道部門の官吏たちが観測を行った。

国家機密に触れる陰陽道の技術は厳しく管理されるようになった。陰陽道にかかわる人間は陰陽寮に所属する官吏、つまり国家公務員である官人陰陽師のみに限定された。律令制以前では、当時の知識層である僧侶が陰陽師になることが多かったが、大宝元年（701）に出された僧尼令（そうにりょう）で、僧侶が占いを行うことは禁じられた。そのため、占いを行っていた陰陽寮内外の僧侶は還俗（げんぞく）（僧侶をやめて俗人に戻ること）させられて陰陽寮の所属となって管理されることになった。

陰陽寮では陰陽道に関する書物や道具を私有することは処罰の対象となり、また天文生が占書を読むことなども禁じられた。国家機密となった陰陽道は徹底した情報管理が行われたのである。

国家公務員として遷都候補地の選定を担う

律令の中にある「職員令（しきいんりょう）」に規定された陰陽寮の陰陽師の仕事は、中国式の占い「占筮（せんぜい）」と風水に基づいた地相の鑑定「相地（そうち）」を専門的に行うことにある。特に奈良時代に重要だったのが、相地である。奈良時代の公式文書が収められた「正倉院文書」にある官人の勤務評定書には、各陰陽師が備えている技術・知識について記されている。そこには

平城京　神宮徴古館 蔵
飛鳥にあった藤原京から平城京に遷都されたことではじまる
奈良時代は、6回もの遷都があり、陰陽師が相地を行った。

「式占（しきせん）」「天文」「算術」といった文字が並ぶが、どの陰陽師にも共通する必須技術が「相地」だった。

これは奈良時代に頻繁に遷都が行われていたからである。奈良時代というと和銅3年（710）に藤原京から遷都された平城京（奈良県奈良市）のイメージがあるが、これ以外にも、山背恭仁京（やましろのくにきょう）（740年）、柴香楽宮（しがらきのみや）（744年）、難波京（なにわきょう）（744年）、平城京（745年）、長岡京（784年）、平安京（794年）と都合6回も遷都が行われた。そしてその遷都のたびに陰陽師が候補地の選定のために相地を行ったのである。

奈良時代

非公認呪術「淫祀」の横行

国家による過度な呪術管理

国家による呪術の管理は陰陽道に限らない。奈良時代の陰陽師の仕事は占いがほとんどでその役割は限定的だった。病気治癒やお祓いなどの祭祀は、神祇官や医薬を担当する典薬寮（太政官・宮内省管轄）が担っていた。この典薬寮では、道教系呪術・呪禁道が管理され、呪禁博士1名、呪禁師2名、呪禁生6名が所属していた（呪禁道は平安時代に陰陽道に吸収され、典薬寮の呪禁道部門は廃止された）。

朝廷が最も重視していたのが仏教であり、国家鎮護の祭祀は仏教によって行われた。例えば、天平7年（735）と天平9年（737）に発生した天然痘の大流行では、人口の3割以上が亡くなったともいわれる被害が出て、時の権力者である藤原家の四兄弟も命を落とした。こうした国家的危機に朝廷が頼ったのが仏教だった。天平13年（741）、45

代聖武天皇は全国に国分寺建立の詔を出した。仏教の力で疫病を収めようとしたのである。

呪術が犯罪となった奈良時代

律令制では、国家によって呪術の独占・管理をしようと試みられたが、民衆の呪術に対するニーズが下がったわけではなく、国家非公認の呪術が横行した。朝廷は、民間で行われる非公認の祭祀を「淫祀（いんし）」、国家に悪影響をもたらす思想・学問体系を「左道（さどう）」と呼んで処罰対象とした。歴史書『続日本紀（しょくにほんぎ）』には、天平元年（729）に「厭魅（えんみ）（呪術による殺人）・呪詛によって物を傷つける者は、首謀者は斬首。従犯は流罪」と規定している。民間呪術は犯罪行為とされたのである。それでも宝亀11年（780）の記述には、「無知な人民が男女の巫（かんなぎ）とかかわりあい、淫祀を崇めて、まじないのお札などの怪しげな物が街路に満ち溢れている」とあり、朝廷の取り締まりがうまくいかなかったことがうかがえる。

『建保職人歌合』巫女　国立国会図書館 蔵
江戸時代に描かれた巫女の姿。民間で呪術を行う巫覡（巫は女性、覡は男性）は古くからおり、時として呪詛を行った。

奈良時代は多くの呪詛事件が発生している。天平勝宝6年（754）には、薬師寺の僧・行信と宇佐八幡宮の神主・大神多麻呂（おおみわのたまろ）が厭魅を行ったとして、行信は地方の寺に左遷、多麻呂は種子島に流罪になっている。また天平神護元年（765）には、女帝である48代称徳（しょうとく）天皇に子どもがいなかったことから、和気（わけ）王が皇位を狙って、「巫鬼（ふくい）」という鬼神に祈願する力を持った紀益女（きのますめ）という巫女に呪いの儀式を行わせたという疑いをかけられ、2人が殺されるという事件が起きている。

最も有名なものが、井上内親王呪詛事件である。宝亀3年（772）、49代光仁（こうにん）天皇の皇后である井上内親王が夫である光仁天皇に呪詛をしたという事件である。この事件は、井上内親王の女官が謀反のために厭魅を行ったことを自首したことから発覚し、井上内親王は皇后の位を廃され、子の他戸（おさべ）親王も廃太子された。さらに翌年の宝亀4年（773）、光仁天皇の姉・難波内親王が薨去すると、井上内親王が呪詛したという嫌疑がかけられ、井上内親王と他戸親王は幽閉され、2年後に亡くなった。親子が同日に亡くなるなど、井上内親王呪詛事件には不審な点が多く、冤罪の可能性が高い。

実際に冤罪が立証された呪詛事件もあった。神護景雲3年（769）には、不敬の罪で追放された不破内親王の女官だった県犬養姉女（あがたのいぬかいあねめ）が不破内親王と共謀し、称徳天皇を厭魅したという事件である。姉女は河原にあった髑髏(どくろ)に称徳天皇の髪の毛を入れて宮中に持ち込み、3度厭魅をしたとされ流罪となった。しかし、のちにこれらの目撃情報が偽証だったことが判明し、姉女は位階を授かり復権した。

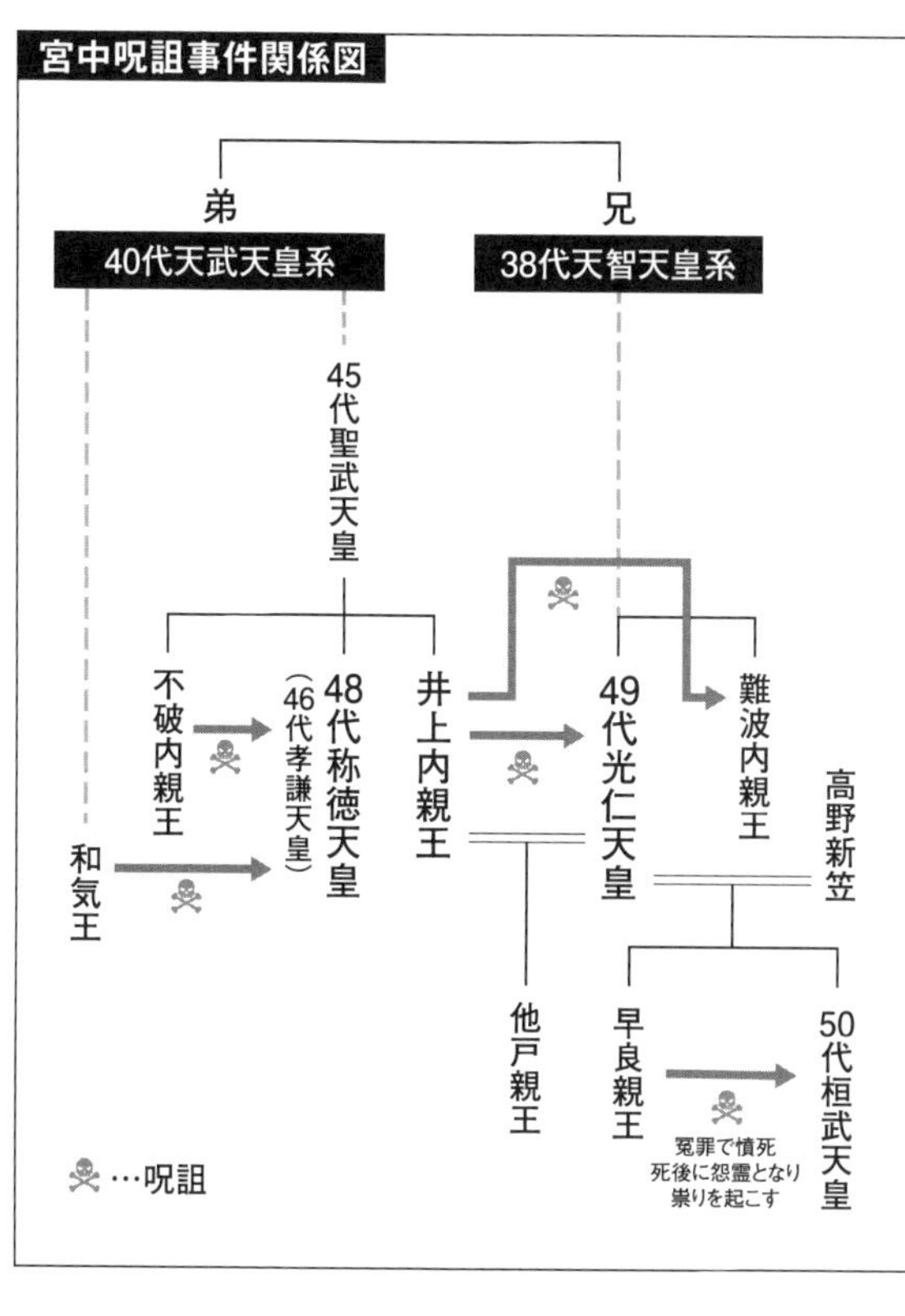

非公認の呪術に罰則規定が設けられたことで、それを政治利用した冤罪事件が多発したと考えられる。多くの冤罪が生まれたのは、当時、非公認の呪術が横行していたことの証でもあるといえるだろう。

陰陽道が流行する「条坊制」都市

陰陽道を活用しやすい都市構造

前述したように平安京は、早良親王の怨霊による天変や疫病などによって、延暦13年（794）に長岡京から遷都された。平安京遷都に先駆けて陰陽師が相地を行ったと考えられる。平安京は唐の長安をモデルに設計された中国式の都で、東西の大路を条、南北の大路を坊として、九条八坊が設けられた（条坊制）。東西南北に正確に道が通る条坊制の都市を造営するためには、方位を正確に知る必要がある。最も簡単に方位がわかる基準となったのが北極星だ。この北極星から割り出した真北にあった船岡山を基準に平安京は造営された。そのため一条通から北の船岡山、南の二条通の距離は等しくなっている。方位に詳しい陰陽師が平安京造営にも深く関わっていたと考えられる。

平安京を舞台に陰陽師の活躍がはじまるわけだが、その背景には条坊制を採用したことが大きい。東西南北に整然と並んだ大路は方位が明確であり、方違えといった方角の禁忌がわかりやすい構造となっている。こうした中で、貴族たちの行動の指針となったのが、陰陽師が作成した具注暦（ぐちゅうれき）である。具注暦は7世紀初頭に陰陽寮が設置された当初から作成されていたが、平安京で流行するようになった。

50代桓武天皇がそれまで都があった奈良から京都に遷都を行った理由の一つには、飛鳥・奈良時代を通じて力を高めた仏教勢力からの脱却があった。こうしたことから遷都当時の平安京には、寺院は官寺（国営寺院）である東寺と西寺の二つぐらいしか市中になかった。

桓武天皇が新たな仏教勢力として導入した密教は山林修行を重んじるために、山間部に大寺院が建てられることになった。平城京も条坊制都市だったが、平安京ではそれまで生活に関する呪術を担っていた仏教勢力が市外に出たことで、市中では陰陽道が流行するようになったのである。

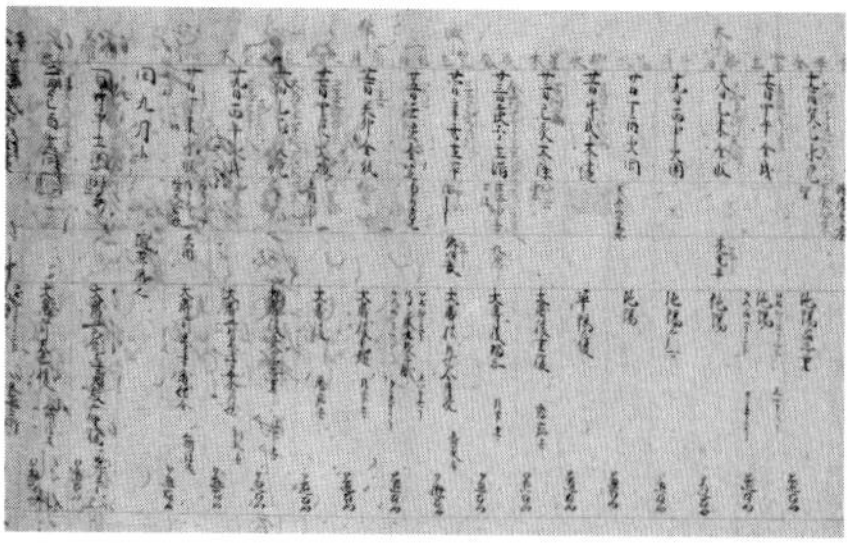

具注暦　国立国会図書館 蔵
日付、季節、十干十二支（163ページ参照）といった暦（カレンダー）情報とともに、その日の吉凶や禁忌の方角などの暦注が記されている。

平安時代 前期

「怨霊（おんりょう）」と「鬼」が跋扈（ばっこ）した平安京

疫病と自然災害が頻発した人工都市

平安京への遷都のきっかけとなったのは、長岡京での疫病や天変の原因が、早良親王の怨霊の仕業と考えられたからだ。このことを突き止めたのが、陰陽寮の陰陽師だった。つまり疫病の原因究明が陰陽師の重要な役割だったのである。平城京や長岡京以上に、平安京では疫病が流行した。さらに平安京はたびたび自然災害に見舞われた。自然災害は怨霊の、疫病は怨霊や疫鬼と呼ばれる鬼の仕業と考えられたことから、陰陽師がその原因を占った。

人工的につくられた都市である平安京では、全国からの税を納めるために人々が訪れ、さらに外国からの使節も訪れた。平安京は東西約4・6キロ、南北約5・2キロで人口は約10万人ほどだったが、ここから割り出すと、1平方キロ当たりの人口密度は4000人を超える。碁盤目状に多くの大路・小路が巡らされるため、宅地に利用できる土地は少なく、さらに家屋が平屋であることを考えると、かなりの密集状態だったと思われる。下水施設も整っていなかったため、外部からやってきた人々から疫病が持ち込まれると瞬く間に広がった。

さらに平安京では水害が多発する。その原因は、人工的につくられた運河である。平安京には東市と西市が設けられたが、この市場に物資を運ぶために、それまであった河川は条坊制に合わせて掘り直され、南北にまっすぐに伸びた東堀川と西堀川がつくられた。自然の川は蛇行することで流れが減速し水量も抑えられるが、二つの堀川は直線のため一度大雨が降ると氾濫（はんらん）しやすい。京都盆地は西側が低くなっており、西堀川はすぐに氾濫を

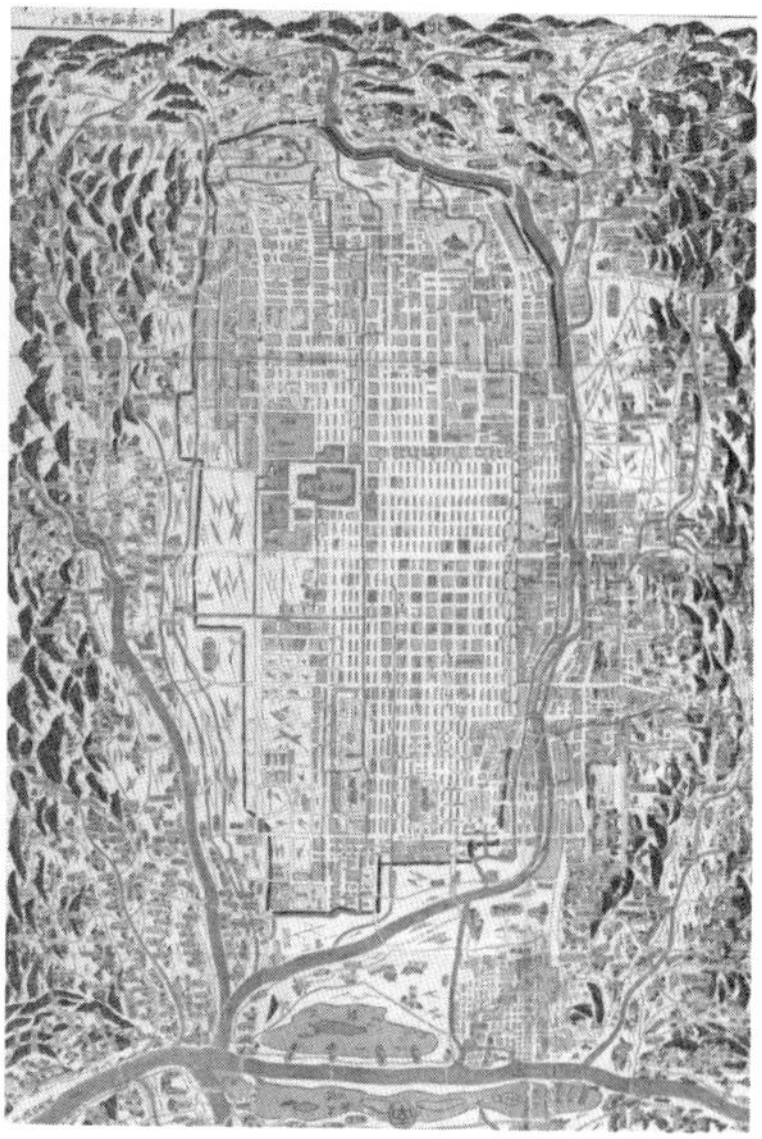

新選京繪圖　国立国会図書館 蔵
江戸時代に描かれた京都の様子。西側（右京）の大部分は耕作地となっており、住宅は東側（左京）に集中している。

起こし、疫病が流行することになった。

賀茂忠行の子で儒学者の慶滋保胤が記した随筆『池亭記』には、右京（平安京の西側）の様子について「人は去ることはあっても来ることはない。家屋は壊れることがあってもつくられることはない」とある。遷都からわずか100年ほどで、右京は人が住まない土地になった。荒廃した右京は、農地化するとともに貧困者の住処となった。

さらに平安京には群盗と呼ばれる武装強盗集団が流入した。平親信の日記『親信卿記』には、天延2年（974）5月に、右京にある西市に逮捕された15人の群盗が引き出されたことが記されている。治安3年（1023）には、藤原資業の邸宅が群盗に襲われて焼かれるという事件まで起きている（『小右記』）。右京はこうした群盗の巣窟となった。当時の警察の役割を担った検非違使はわずか30人であり、犯罪捜査まで手は回らなかった。目撃情報がなく犯人不明の誘拐や殺人事件を、人々は鬼の仕業として考えた。

『伴大納言繪巻』検非違使
国立国会図書館 蔵
京都の治安維持を担当した検非違使はわずか30人だったため、すべての犯罪捜査をすることは難しく、平安京は群盗が流入する犯罪多発地帯となった。

疫病の原因究明から防疫を担った陰陽師

疫病や自然災害、さらには殺人を伴う強盗事件といった怪事の際に、その原因究明の役割を担ったのが陰陽師だった。全国から人々が集まる巨大都市と右京の荒廃によって、平安京は怨霊と鬼が跋扈する魔都となったのである。平安時代（７９４～１１８５年）に起きた疫病の回数は１５２回に上り、３年に１度以上の頻度で起きたことになる。頻発する疫病に、陰陽師は占いによる原因究明のみならず、疫病自体を防ぐ役割も担うことになった。中でも重要なものが、大晦日に疫鬼を国外に追い出す追儺の儀式だった。

またそれまで祓いの神事を担当した神祇省の卜部では、道饗祭（みちあえのまつり）を行っていた。これは平安京の四方の道に道の神を祀（まつ）り、外部からやってくる疫鬼が侵入しないように食物を供えて応対する神事である。この道饗祭は「疫神祭」と名称を変えて、陰陽道系の祭祀として陰陽寮が行うことになった。疫神祭は「四角四堺祭（しかくしかいさい）」とも呼ばれ、大内裏の四隅と平安京の四方の境界を鬼から守護するものである。陰陽寮は現在の厚生労働省や保健所のように、疫病の原因の究明と防疫の役割を担うようになったのである。

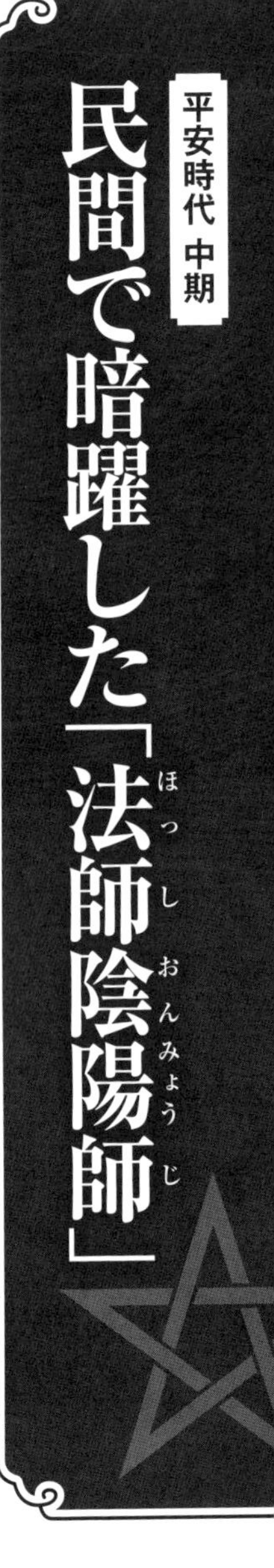

平安時代 中期

民間で暗躍した「法師陰陽師」

陰陽道の術を身につけた密教僧

10世紀に賀茂保憲と安倍晴明という陰陽道における2人の巨頭の登場によって、陰陽師の地位が向上し、貴族たちの日常生活の指針や凶事に対応する重要な存在となった。呪術の国家管理は奈良時代から継続されていたが、方違えや吉凶の占い、凶事に対する呪術など、陰陽師の役割が拡大するにつれて、陰陽道に対するニーズが高まっていった。しかし、陰陽寮に所属する官人陰陽師が相手にしたのは、天皇や皇族、公卿クラスの上級貴族のみだった。これに対して、下級貴族や庶民などからの要望に応えたのが、非公認の民間陰陽師である法師陰陽師である。「法師」と呼ばれたのは僧形(僧侶の姿)だったためである。

日本では、神と仏はもともと同じ存在として考える神仏習合の考えがあり、神社で僧侶が、寺院で神官が、祭祀を行うことも珍しくなかった。また密教僧は、宿曜経(占星術)

などの陰陽道に似た占いや呪術の知識を備えていた。さらに歴史が下るごとに、陰陽道の知識が流出していった。

陰陽道は国家管理されているために、公には行うことができない。そのため、在野の密教僧は陰陽師を名乗らずに僧形のまま、陰陽道の術を行った。また秘密裏に行う呪詛は、官人陰陽師に依頼することはできないため、法師陰陽師が担った。法師陰陽師は重宝されたが、一方でそのいかがわしさから忌み嫌われることも少なくなかった。紫式部は「車に乗り紙冠を被って博士気取りをしていて嫌なものだ」と記しており、法師陰陽師をまがいものとして嫌っていたようだ。

僧形ではない民間陰陽師も存在し、「隠れ陰陽師」と呼ばれた。隠れ陰陽師は陰陽道を習得できなかった落伍者や、罪を犯して官人陰陽師を首になった者、他の隠れ陰陽師の弟子や独学で陰陽道を学んだ者などである。

『北野天神絵巻』(弘安本)
東京国立博物館 蔵　TNM Image Archives 提供
半狂乱となって踊る女性に対して、密教僧・仁俊が呪文を唱えると女性は正気を取り戻した。民間に流れた密教僧の中には法師陰陽師となる者もいた。

平安時代 後期

「摂関家」の専属となった陰陽師

権力と結びつき技能を世襲化

国家による呪術管理の目的で設置された陰陽寮だったが、10世紀から11世紀にかけて藤原氏が権力を掌握し摂関政治がはじまると、陰陽師の仕事は大きく変化していった。それまでは、建物の造営のための地相の判断や、天皇や皇族の心身を守護する呪術、平安京を自然災害や疫病から守る祭祀の執行など、技術官僚として国家への奉仕が主な仕事だった。

ところが、藤原道長を代表する藤原氏が摂関を独占すると、陰陽師は有力貴族に個別に呪術を奉仕する専属呪術師ともいえる存在になっていった。これを熱心に推し進めたのが安倍晴明であり、賀茂家である。両者は、摂関家と深く結びついたことで、陰陽寮での立場を確立し、陰陽道の二大宗家となった。

陰陽師というと賀茂家と安倍家が独占していたイメージがあるかもしれないが、朝廷の

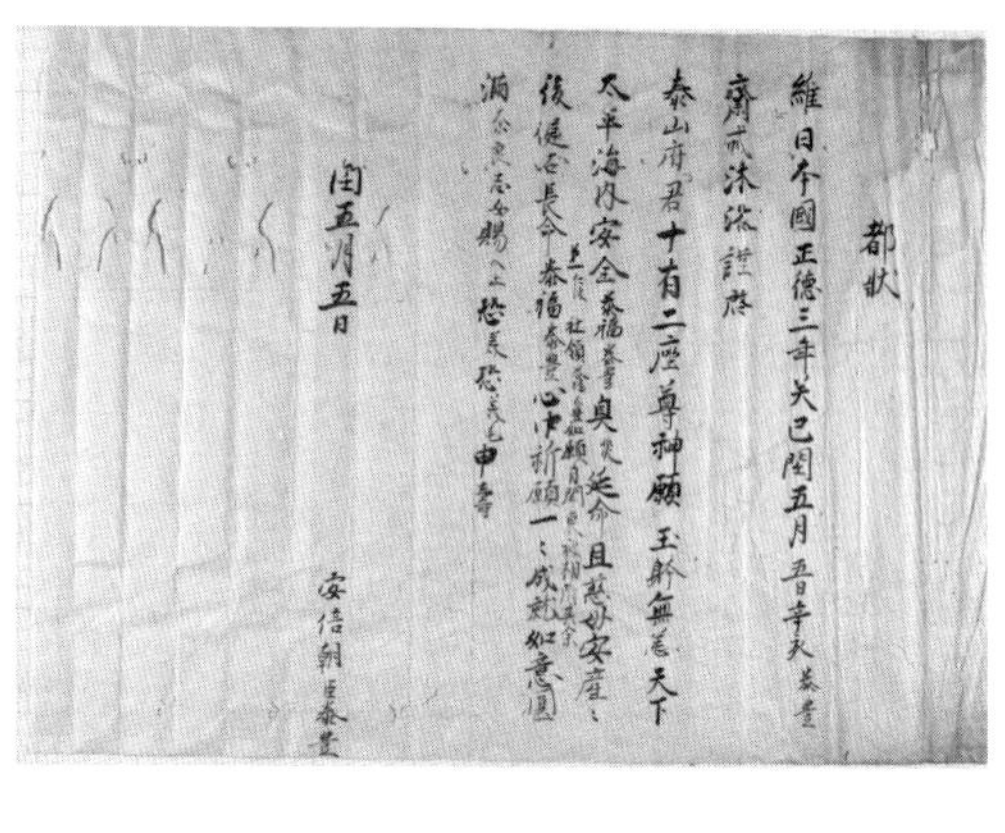

『若杉林家文書』泰山府君祭都状案
京都府立京都学・歴彩館
都状とは儀式で唱えられる祭文のことである。泰山府君祭は天皇のみならず、上級貴族に対しても行われた。

祭祀を司った中臣氏の後裔である大中臣家や、賀茂保憲と陰陽頭を交代で務めた秦具瞻（はだのともみ）の後裔の惟宗家の他、清原家、中原家などがあった。例えば、晴明が没した5年後から史上最長の21年間、陰陽頭を務めたのは、惟宗文高だった。11世紀以降、朝廷全体で職業が特定の氏族に固定化し、一族内で技能や地位を継承していくようになる。この傾向は陰陽道においても同様で、天文道は安倍家、暦道は賀茂家が占めるようになった。

　卜部の祭祀や密教、呪禁道などから多様な思想や呪術を習合してきた陰陽道は、氏族内で継承されることを通じて、体系化していった。一方で、それは陰陽道に時代のニーズに応える柔軟性が弱まったことを意味した。平安時代を通じて、貴族の生活指針となるまで流行した陰陽道は、ここで初めて一時的な衰退期を迎えた。

平安時代 後期

安倍泰親と上皇が信仰した「金神」

貴族からの信頼を失った陰陽道

12世紀になると、藤原氏から実権を取り戻すために、天皇が早期に譲位して摂関家が牛耳る宮中を離れ、上皇になって政務を続行する院政が開始された。こうして、主に白川、鳥羽、後白河の3人の上皇が「治天の君」として権力を掌握したのである。陰陽寮も院庁の支配下に入ったが、この時に安倍・賀茂両家には有力な人物はおらず、陰陽道勢力は弱まっていた。こうした中、上皇たちが重視するようになったのが、儒教の「金神」だった。

金神は方位の神で、金神がいる方位を犯すと家族7人が殺されるという「金神七殺」の祟りがあるとされた。陰陽道の基礎が儒教の聖典だった五経であるように、陰陽道と儒教は重なるところも多いが、陰陽道における方位神は中国から伝えられたものであるのに対して、金神は日本発祥の方位神である。この金神を、院政をはじめた白河上皇が積極的に

『安部晴明簠簋内傳圖解』金神
国立国会図書館 蔵
金神は日本発祥の方位神で、儒教の神である。安倍晴明が書いたとされる『簠簋内伝（ほきないでん）』は晴明死後に創作されたため、金神が陰陽道に取り入れられている。

取り入れた。当時は平氏や源氏などの武士勢力が力を強めており、貴族たちが既得権益の消失に不安を覚えていた時代である。安倍家や賀茂家の陰陽師は、陰陽道書『新撰陰陽書』に記されていない金神を恐れる必要はないことを説いたが、膠着化した陰陽道は貴族の不安に対処する力を失っていたため、金神への恐れは普及していった。

安倍泰親による陰陽道の復権

こうした危機を救ったのが、陰陽道の中興の祖といわれる安倍泰親である。泰親は安倍晴明の玄孫（孫の孫）に当たり、晴明の生まれ変わりとも評された陰陽師である。天永元年（１１１０）に安倍家の嫡流として生まれた泰親は、陰陽道の先達である父や兄を早くに亡くすが、寿永元年（１１８２）には、陰陽頭に上り詰めた。泰親は後白河上皇から信頼を得て、公家の祭祀を請け負うようになった。

権威を失いつつあった陰陽道が再び貴族から頼りにされるようになったのは、泰親が占いの名手だったからである。軍記物語『平家物語』には、「指す神子」＝「神業的な占い師」と評され、当時の一次史料である左大臣・藤原頼長の日記『台記』の承安4年（1174）の記録には、「陰陽道書では占いは7割当たれば神業とされるが、泰親の占いは7割も8割も当たる。古来の陰陽師にも恥じないものだ」とある。

泰親は、自らの占いが優れているのは、晴明の流れを汲んでいるからとし、晴明と同じ仕草を真似た所作を行うなど、晴明の権威を利用したセルフプロデュースをした。晴明が神格化される最初期の発信者が泰親だったと考えられる。儒学者は歴代天皇や上皇に、金神を上奏したが、後白河上皇はそのような上奏すら許さなかった。かつての陰陽師が得ていた評価を泰親は取り戻したのである。

たま藻のまへ　京都大学附属図書館 蔵
安倍泰親の子・泰成（右）の占いの様子。説話などでは、泰成は寵愛を受ける女御・玉藻前の正体を見破り調伏したと伝わる。

安倍家内部で起きた相続問題

一方、この時期は、安倍家と賀茂家の対立が激化してくとともに、安倍家内部でも陰陽道の優劣について争われるようになった。長承元年（1132）には、晴明の旧邸宅地の相続を巡って、泰親と安倍家庶流の安倍晴道（はるみち）との間で訴訟事件が起きた。晴道は庶流ながら、泰親の父と兄の死後、泰親に陰陽道を伝授し、安倍家の陰陽道をリードした。最終的にこの訴訟は泰親が勝利し、のちに晴道の子孫は晴道党（せいどうとう）と呼ばれるようになり、もう一つの庶流である宗明流（そうめいりゅう）とともに、泰親の子孫の安倍家嫡流と対立していくことになる。

安倍家系図

- 晴明
  - 吉昌
  - 吉平
    - 時親 …… 泰親
      - 季弘 …… 友幸 **幸徳井家** に養子へ
      - 泰茂 …… 有世 **土御門家**（嫡流）
      - 泰成
    - 国時（円弼）…… 晴道 **晴道党**
    - 奉親 …… 宗明 **宗明流**

平安時代 後期

陰陽道重視の「平氏」と軽視の「源氏」

上級貴族として陰陽道に通じた平清盛

院政期には、摂関家から政治の主導権を取り戻した上皇が治天の君として君臨したが、これは上皇と天皇との間に対立を生んだ。こうした中、内裏を出た上皇が上皇院の警備として置いたのが、武士だった。保元元年（１１５６）には、兄の崇徳上皇と弟の77代後白河天皇との対立が武力衝突に発展した。この保元の乱で活躍したのが、平清盛と、源頼朝の父である義朝である。ここから平氏と源氏の武士が勢力を増すことになる。

さらにその3年後の平治元年（１１５９）の平治の乱では、二条天皇側についた源義朝に対して、後白河上皇についた平清盛が勝利。義朝は殺害され、息子の頼朝は伊豆に流された。平清盛は太政大臣として政権中枢へと入り、以降、権勢を握ることになった。

院政期には、末法思想（仏法が衰え世の中が乱れるとする思想）が流行し、浄土の地とされた熊野への上皇や皇族の参詣が相次いだ。熊野は陰陽道ともゆかりが深い地であり、清盛をはじめとする平家一門もたびたび訪れている。また政権の中枢に入ったことで、宮中の諸祭祀に深く関わる陰陽道にも通じることになった。

『芳年武者无類』平相国清盛
国立国会図書館 蔵
伝説によると、平清盛は瀬戸内海の海峡「音戸の瀬戸」を開削し、大型船が通過できるようにした。突貫工事の際に清盛は、沈む夕日を扇で招き返して工事を完了させたと伝わる。

後白河上皇と清盛もその後、対立することになり、治承３年（１１７９）の政変で後白河上皇は清盛によって城南宮（鳥羽殿）に幽閉された。清盛は、瀬戸内海の海上交通路を整備し、中国との対外貿易（日宋貿易）を活発化させた。清盛は出家後に福原（現在の兵庫県神戸市）に邸宅を造営したが、治承４年（１１８０）、孫である81代安徳天皇を伴い、この福原に都を遷している。福原の地の選定に陰陽師が関わった記録はないが、東・西・北を山に囲まれ、南側に海、東西にある川といったように京都の地形と似ており、風水における吉相の地とする指摘がある。清盛の後を継ぎ、平氏の棟梁（とうりょう）となった三男・宗盛は陰陽道に傾倒し、あらゆる行動を陰陽師に諮(はか)って決めたといわれる。

凶日に挙兵した実利主義の源頼朝

一方、源氏の棟梁となった頼朝は治承4年8月17日に挙兵する際には、その前日に泰山府君などの神々に祈りを捧げる陰陽道の天曹地府祭(てんそうちふさい)を行っている。ただし、この祭祀を行ったのは陰陽師ではなく神官の住吉昌長だった。また富士川の戦いで勝利した頼朝は、10月27日に佐竹秀義を追討するために常陸国(現在の茨城県)に出陣した。この日は、「衰日(すいにち)」だった。衰日とは、陰陽道においてあらゆることを慎むべき日とされているが、頼朝は恐れることなく挙兵したことが鎌倉幕府の歴史書『吾妻鏡』に書かれている。

当然のことながら、頼朝のもとに官人陰陽師はおらず、陰陽道に精通する者もいなかった。そのため、陰陽道をそれほど重んじなかったと考えられる。ただし、当時の戦は陰陽師などによる占いが兵の士気に大きく関わっていた。そのため、頼朝は文覚(もんがく)という法師陰陽師に頼ったという。

源氏と平氏の戦い(治承・寿永の乱)は、元暦2年(1185)の壇ノ浦の戦いによって源氏側の勝利で終わる。源平の戦いで勝利に大きく貢献したのは頼朝の弟の義経(よしつね)だった。

『大日本歴史錦繪』源平矢嶋大合戦之図　国立国会図書館 蔵
壇ノ浦の戦いでは三種の神器のうち草薙剣が海中に没した。陰陽師の占いで剣の捜索が行われたが見つかることはなかった。

それまでの戦では、対戦する両者が合戦の日時をあらかじめ決めて行ったり、水上戦では漕ぎ手は殺さない、といった慣例があったが、義経はこうしたルールを気にせずに、奇襲・奇策を行い平氏との戦に勝利した。伝統を重んじ陰陽道に頼った宗盛に対し、実利的な頼朝・義経兄弟が勝利したといえるだろう。

壇ノ浦の戦いでは、三種の神器の一つである草薙剣（くさなぎのつるぎ）が海中に没してしまった。朝廷は、宝剣が発見できるかを陰陽寮に占わせたところ、沈んだ場所の五町内を捜索すれば、35日以内に発見されるという結果を伝えたが、見つかることはなかった。安倍泰親の活躍で一時的に盛り返した陰陽道が再び凋落（ちょうらく）することを象徴するエピソードといえるだろう。

鎌倉時代

「鎌倉殿」と3人の陰陽師

鎌倉に活路を求めた京都の官人陰陽師

文治3年（1185）、源頼朝は史上初の武家政権である鎌倉幕府を開いた。頼朝は鎌倉の中心に鶴岡八幡宮を、鎌倉の街を囲むように鎌倉五山と呼ばれる禅寺を配置した。頼朝は神社仏閣を重視する一方で、陰陽道の諸祭祀を行うことはほとんどなかった。

陰陽寮がある京都と離れている鎌倉幕府は陰陽道後進地だったため、天変が起きた際にはそれが何を意味するのか、たびたび陰陽寮に問い合わせをしている。歴史書『吾妻鏡』には、建久6年（1195）に起きた天変の際に対して、天文博士の安倍資元（すけもと）からの書状が届いたことが記録されている。ちなみに資元は天文観測や解釈に長じていた安倍家庶流・宗明流の血統である。

鎌倉に陰陽師が初めて下ったのは、3代将軍源実朝（さねとも）の時代のことだ。承元4年（121

0）に安倍泰貞（やすさだ）を皮切りに、安倍親職（ちかもと）、安倍宣賢（のぶかた）も鎌倉に下る。

泰貞は安倍泰親のひ孫、親職は晴道党、宣賢は宗明流だったが、いずれも主流派ではなかったため、新しい活躍の場を求めて新たな権力者である鎌倉殿に接近したのである。こうして安倍三家がそろって鎌倉に定住し、鎌倉殿に仕えた。さらに京都から惟宗家や伴家といった他家の陰陽師も鎌倉に向かうようになった。賀茂家が京都に残ったのは、当時、陰陽道において賀茂家が安倍家よりも優位に立っていたことがある。こうして、賀茂家以外で出世の見込みのない諸家の陰陽師も鎌倉で再起を図ったのである。

鎌倉陰陽師が京都の陰陽寮の陰陽頭に

承久3年（1221）、後鳥羽上皇が鎌倉幕府を打倒するために起こした承久の乱で、幕府側が泰貞、親職、宣賢の安倍家の3人に勝敗を占わせたところ、勝利するという結果が出た。この結果は、鎌倉方の武士の士気を大いに高めることになり、さらに陰陽師たちによる三万六千神祭、属星祭、天曹地府祭といった陰陽道の祭祀を行い、戦勝を祈願した。

こうして鎌倉側が勝利すると、鎌倉幕府における陰陽師の重要性は高まり、京都からの陰陽師の下向はますます加速した。『吾妻鏡』には74人の陰陽師の名が記されており、鎌

『大日本名将鑑』北条泰時
国立国会図書館 蔵
承久の乱に勝利した幕府側の総大将の北条泰時は執権としての地位を確立した。北条氏に接近した安倍家の一派は鎌倉陰陽師として隆盛した。

倉は陰陽道の先進地域となったのである。

鎌倉陰陽師は日常的に鎌倉殿の側近くで仕え、日時や方角などの吉凶を占い、病気や凶事に対応した。さらに天変や自然災害が起きた際には、陰陽道における祭祀を行うなど、平安時代中期さながらに陰陽道が重視されるようになった。

だが、実朝を最後に頼朝の子孫が鎌倉殿になることはなく、政務を統括する執権を担った北条氏が実権を握った。実朝の後を継いだ4代将軍藤原頼経が追放されると、北条氏の権勢は盤石となった。この北条氏に接近したのが、最初期に鎌倉に下向した安倍親職の一派である。北条氏に後押しされた親職の子孫は、鎌倉に在住しながら京都の陰陽寮の陰陽頭を複数輩出し、鎌倉は京都と並ぶ陰陽師の一大拠点となったのである。

蒙古襲来で鎌倉幕府の権威が失墜

文永の役（1274年）と弘安の役（1281年）の2度にわたる蒙古襲来によって、

御家人の生活は困窮化するとともに鎌倉幕府への不満が高まった。96代後醍醐天皇は、政治の実権を取り戻すために討幕運動を開始し、元弘3年（1333）、鎌倉幕府は滅亡した。多数いた鎌倉陰陽師のほとんどはその後、記録されることなく行方はわからない。

護良親王誦読於鎌倉土牢法華経図　国立国会図書館 蔵
後醍醐天皇の第3皇子の護良親王は鎌倉幕府の討伐で功績を上げたが、後醍醐天皇との意見の相違から鎌倉に幽閉され、殺害された。

後醍醐天皇は「建武(けんむ)の親政」と呼ばれる貴族中心の政治を開始したが、古典的な政治への回帰は武士たちの不満を高め、わずか2年で瓦解した。延元元年（1336）に足利尊氏が光明(こうみょう)天皇を擁立して北朝を、敗れた後醍醐天皇は吉野に移り南朝を開いた。この南北朝時代は約50年続き、朝廷の財政を悪化させた。貴族が困窮したため、陰陽師への依頼は激減した。さらに官人陰陽師も南朝と北朝の二つに分かれた。この南北朝の動乱は最終的に北朝の勝利で終了する。そのため、北朝についた陰陽師の家が存続することになった。

室町時代 前期

「室町殿」に仕えた初の陰陽師公卿

3代将軍足利義満に仕えた安倍有世(ありよ)

暦応元年(1338)、足利尊氏が室町幕府を開き、関東の統治のために足利氏が世襲する鎌倉府が置かれた。鎌倉幕府の滅亡とともに散り散りとなった鎌倉陰陽師の中には、京都に戻ったり、わずかだが鎌倉府に仕える者もいたようだ。室町幕府は京都に置かれたため、安倍家や賀茂家の中でも北朝について京都を離れなかった官人陰陽師が優位な地位を得るようになった。特に、鎌倉に下向しなかった安倍泰茂(やすしげ)(泰親の子)の子孫たちが主導権を握るようになった。

この中で異例の出世を遂げたのが、安倍有世である。有世を重用したのは南北朝の動乱を収め、「室町殿」と呼ばれた3代将軍足利義満である。永和4年(1378)に義満の側室の安産祈禱(きとう)を行い信頼を得た。有世が義満に行ったプライベートな祭祀は、安倍家の私宅、すなわち晴明の旧宅で行われた。義満から信任を受けた有世は、至徳元年（1384）に従三位に叙された。これは初めて陰陽師の公卿が誕生したことを意味する。

明徳5年（1394）、義満は室町御所で天皇家しか行うことが許されていない密教の儀式・五壇法を陰陽師である有世に行わせる。また、有世の子で、天文博士だった安倍有重は、本来天皇に行うべき天文密奏（天文の異変を直接伝えること）を、6代将軍足利義教に行っている。この天文密奏を幕府に行うことは有世の時代、すなわち義満にも行われていたと考えられる。

『吉川家文書』平産之符
国立歴史民俗博物館 蔵
出産をサポートする陰陽道の呪符。足利義満の側室の安産祈禱で信頼を得た安倍有世は、安倍晴明と藤原道長の関係のように、義満の専属呪術師となった。

有世は最終的には従二位に叙され、以降、破られることのない陰陽師史上最高の地位を得た。この有世が前例となり、義教の時代には安倍家嫡流、安倍家庶流、賀茂家からそれぞれ1人ずつが出仕するようになり、安倍家と賀茂家の両家から公卿となった陰陽師が生まれた。有世の子孫は「土御門」、賀茂家は「勘解由小路」を名乗り、陰陽道の二大宗家が確立することになった。

室町時代 後期

陰陽師が分散した「応仁・文明の乱」

下向する土御門家と京都に残った勘解由小路家

室町幕府の８代将軍足利義政の世継ぎ問題や有力大名の家督争いなどが複雑に絡まり合って応仁元年（１４６７）に起きた応仁・文明の乱では、室町幕府と各大名が東軍と西軍に分かれて京都各地で衝突した。さらに戦火は各地に飛び火し、11年に及ぶ内乱となった。京都は荒廃し、室町幕府の権威は失墜した。壊滅的な被害を受けた京都の貴族や室町幕府に仕える武家が困窮し、陰陽師への祭祀の依頼も激減したことから、生活に困った官人陰陽師の数も減っていった。土御門家も例外ではなく、京都を離れて所領があった若狭国名田庄（現在の福井県おおい町）に避難し、必要に応じて上京するようになった。

これに対して、勘解由小路家は所領への疎開は行っていない。暦道を家業とした賀茂家では、室町幕府の４代将軍足利義持の時代の応永21年（１４１４）に、賀茂在方が陰陽道や暦道のマニュアル本ともいえる『暦林問答集』を著した。これは賀茂保憲の『暦林』をベースに最新の天文知識や学説を加えたものだ。賀茂家嫡流の勘解由小路家では、暦を発行することで収入を得られたため、荒廃した京都でも暮らしていけたようだ。

応仁・文明の乱後には、有力大名が権威ある中央の官人陰陽師を領国に招き、祭祀を行わせるようになった。賀茂在宗は大内政弘に従って周防国（現在の山口県南東部）に下向し、身固めなどの呪術を行った。

応仁・文明の乱は、それまで朝廷や幕府といった権力の中枢で独占されていた陰陽師が地方へと分散する契機となった。権威の象徴である陰陽道が大名にも広がることで、幕府の権威は下がり、さらに各地の民間陰陽師の形成へとつながっていくのである。

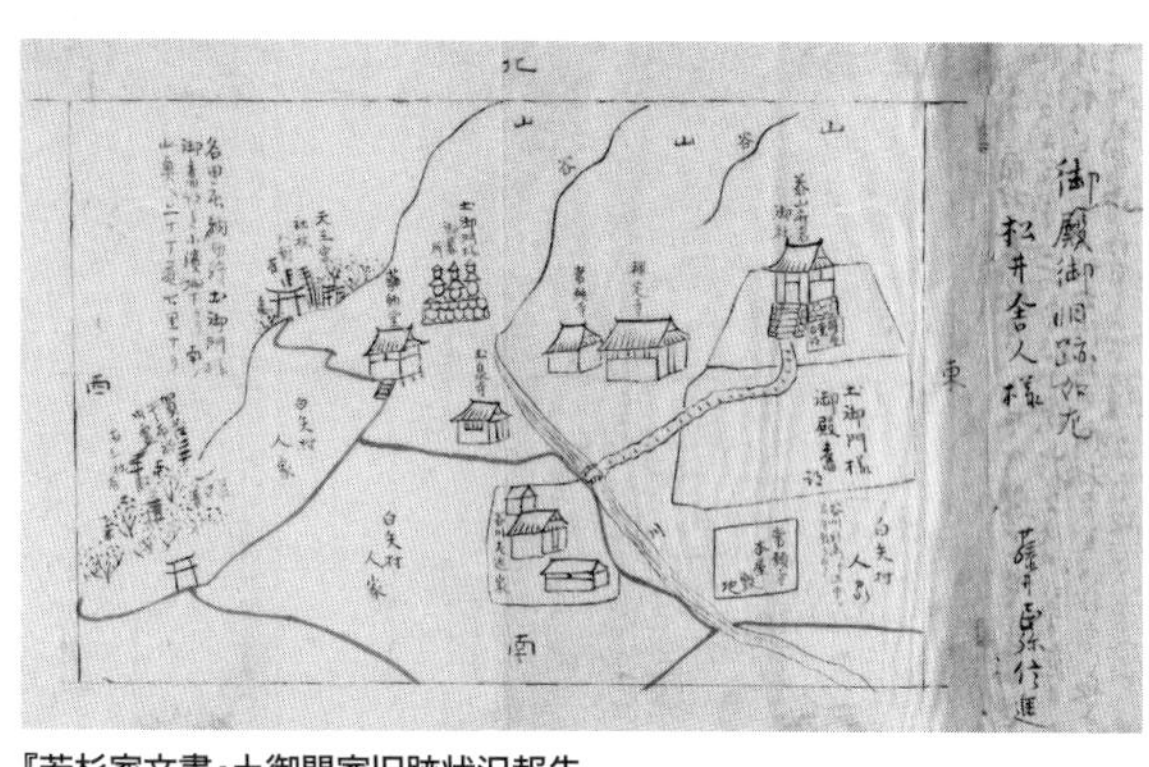

『若杉家文書』土御門家旧跡状況報告
京都府立京都学・歴彩館 蔵
安倍家の所領があった名田庄に残る由来地の地図。泰山府君祭を行う祭祀場や安倍家の墓所などが描かれている。

戦国時代

戦国武将の呪術軍師「軍配者」

合戦の日時から気象予報まで担う

応仁・文明の乱を契機に、室町幕府の権威は有名無実化し、各地で実力によって支配権を持つ戦国大名が割拠する戦国時代を迎えることになる。戦国時代における呪術のニーズは、合戦に勝利するためという、より実利的なものとなった。こうしたニーズに応えたのが、地方へと分散していった元陰陽師や、密教や修験道を修めた法師陰陽師などである。修験道は神道・密教・道教に、日本古来の山岳信仰を習合したもので、陰陽道と重なる部分が多い。戦国時代の民間呪術師は、陰陽師と修験者の区別がほとんどつかない状態となっていた。

戦国時代には「武経七書（ぶけいしちしょ）」と呼ばれる7つの兵法書が重んじられ、そのうちの『六韜（りくとう）』には天文の知識が記されており、『陰陽寮』でも読まれていた。兵法に役立つ易学と天文の知識を持っていた陰陽師は戦国大名に召し抱えられるようになった。こうした呪術軍師は「軍配者」と呼ばれた。軍配者の役目は多岐にわたる。まず暦を読み解き、占いによって合戦の日時を選定する。また攻撃の方角や陣地の決定を決定する。これは方違えや相地の知識が役立った。さらに合戦当日には、天文の知識から、「観天望気」と呼ばれる気象予報を行った。

軍配者を利用した有名戦国武将

有名な戦国武将の多くもこうした軍配者を抱えていた。武田信玄の軍師・山本勘助や上杉景勝の清源寺是鑑は陰陽師系の軍配者だったと考えられる。また織田信長、豊臣秀吉、徳川家康という戦国三英傑に仕えた天才軍師・黒田官兵衛は、法師陰陽師が多くいた広峯神社（兵庫県姫路市）の御師（下級神職）を配下にしていた。

戦国時代には、武将同士が呪詛し合う、呪術合戦も行われている。永禄3年（1561）、中国地方の覇権を争う毛利元就と尼子晴久・義久親子との間で戦いが行われた。尼子側は神社仏閣に怨敵降伏の祈禱を行わせたのに対して、元就は晴久の人形をつくらせ、厳島神社で呪詛を行ったところ、7日目に人形の首が落ちたという。晴久はその後、急死した。

平安時代には、怨霊による祟りが天変や疫病の原因とされたが、多くの戦死者が出る戦国時代ではこうした死者への恐れが強くなった。打ち取られた武将の首は、身元を調べる首実験が行われたが、死に顔が凶相だった場合は、首祭りと呼ばれる慰霊儀式が行われた。

陰陽師の力を利用した織田信長

旧宗教勢力を警戒し、合理的な政策を取り入れた織田信長も伊束(いそく)という法師陰陽師を抱えていたという。またこの時代になると、各地で独自の暦が作られるようになり、京都の暦と齟齬(そご)が生じるようになった。天正10年（1582）、陰陽頭だった土御門久脩(ひさなが)が織田信長に呼ばれて暦の調査を行っている。天正3年（1575）に織田・徳川家の連合軍が武田家と激突した長篠の戦いが描かれた『長篠合戦図屏風』には、陰陽道の印である六芒星を縫い込んだ羽織を着た法師陰陽師のような人物を見ることができる。織田信長も陰陽師の力を利用していたのである。

ところが、安土桃山時代となり、戦が複雑化・高度化するようになると、占術による吉凶判断よりも、大規模な土木技術や戦術などが重要視されるようになり、軍配師の活躍の

真柴久吉武智主従之首実検之図
東京都立図書館 蔵
戦国時代には軍配者と呼ばれる呪術軍師が従軍し、開戦の日時や陣地などを占った。また討ち取った敵将が怨霊化しないように首祭りを行った。

場は失われていった。

戦国時代は、陰陽道界に大きな変化があった時代でもあった。それまで陰陽道を牽引してきたのは天文道の土御門家と暦道の勘解由小路家だったが、陰陽頭を務めた勘解由小路在富（あきとみ）が永禄8年（1565）に死去すると後継者がいなくなった。そのため、庶流だった在昌（あきまさ）が勘解由小路家を継承した。だが、その子の在信（あきのぶ）の代に再び断絶することになった。

安土桃山時代

「豊臣秀吉」が行った陰陽師狩り

農民出身の秀吉が嫌った民間陰陽師

天正10年（1582）の本能寺の変で織田信長が明智光秀に討たれると、その跡を継いだ豊臣秀吉が天下統一に成功した。天下人となった豊臣秀吉には男児がいなかったため、甥の豊臣秀次が養子となっていた。ところが文禄2年（1593）、淀殿が秀頼を生むと、秀吉から譲られて関白となっていた秀次の地位は危うくなった。同年、秀次と親しかった土御門家の当主で陰陽頭も務めた土御門久脩（ひさなが）は、秀次の所領だった尾張国（現在の愛知県西部）に131人の声聞師（しょうもじ）とともに強制移住させられている。

声聞師とは、室町時代に現れた民間陰陽師で、陰陽道の経典を日本にもたらした吉備真備の子孫を自称し、安倍家、賀茂家とは異なる正統性を主張していた。声聞師は、村落を回って占いや加持祈禱を行った。また客寄せや日銭稼ぎのために経文を唱えながら舞をしたり、猿楽（さるがく）や白拍子（しらびょうし）といった芸を披露した。声聞師は地域によっては「おんみょう」と呼ばれたという。

秀吉の「陰陽師狩り」ともいえる強制移住の目的は、呪術によって水害から守り、地の神に祈りを捧げて荒地を耕作地へと変える「開墾」とされた。秀吉は、安定的な食料の生産と流通のために太閤検地を推し進めていたため、権力に属さない流浪の民である声聞師を一ヶ所に集めて農民化しようとしたともいわれている。また情報収集能力に長けていた声聞師に秀次の所領を監視させたという説もある。秀吉はこれ以前にも「声聞師払い」という追放令を出している。また安倍晴明伝説の由来地で、声聞師の活動拠点だった五条橋中島の法城寺を破壊している。

秀吉は農民出身とされ、一時期は「猿真似芸」といった芸能を生業としていたともいわれる。声聞師を嫌った理由は、彼らに対する同族嫌悪があったとする指摘もある。

『尾張名所図会』万歳（まんざい）
国立国会図書館 蔵
万歳は三河・尾張国（現在の愛知県）の民間陰陽師である。豊臣秀吉の陰陽師狩りによって尾張国には多くの陰陽師が移住させられた。

江戸時代 前期

「徳川家康」による陰陽道の復権

徳川家康に重用された土御門久脩

慶長3年（1598）に豊臣秀吉が没すると、「陰陽師狩り」によって尾張国に配流されていた土御門久脩は復権を目指す。2年後の慶長5年（1600）に起きた関ヶ原の戦いに勝利した徳川家康に接近した久脩は、家康と関係が深い「昵懇公家」となった。慶長8年（1603）、家康が将軍となる際には、宣下に先立って心身の安全を祈願する身固めの儀式を行い、さらに土御門家の私邸で天曹地府祭を行った。この身固めの儀式は、慶長10年（1605）、家康から秀忠に将軍職が譲られた際にも行われ、以降、身固めは天皇家だけでなく、徳川将軍家の代替わりごとに行われるようになった。元和7年（1621）、久脩は従三位に叙され、公卿となった。「陰陽師狩り」によって一時期衰退していた官人陰陽師の地位は復権したのである。

陰陽道は江戸の都市設計にも大きな影響を及ぼしている。家康は駿府（現在の静岡県静岡市）で大御所として政治を主導することになった。家康は各方面のブレーンとなる人物を駿府に集めるが、その1人に天台宗の僧侶・天海がいた。天海は山王一実神道という独自の宗教を自ら創始したことからもわかるように、天台密教のみならず陰陽道や道教にも通じていた。江戸城を中心に鬼門（北東）と裏鬼門（南西）方向に神社仏閣を創建・移転させ、平安京さながらの風水都市を設計した。元和2年（1616）に家康が没すると、宗教政策のブレーンだった黒衣の宰相・金地院崇伝と天海との間に家康の祀り方について争論が起こった。これに勝利した天海は、山王一実神道に基づいて、家康を「東照大権現」として祀った。家康を祀る日光東照宮（栃木県日光市）は江戸城の真北に造営され、江戸城と日光東照宮の距離は、平安京と皇祖を祀る伊勢神宮との距離とほぼ一致している。

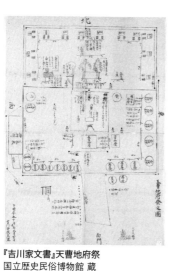

『吉川家文書』天曹地府祭
国立歴史民俗博物館 蔵
119代光格天皇即位の際に、土御門邸で行われた天曹地府祭の祭場図。幕末に至るまで、土御門家は天皇の即位時に儀式を行った。

江戸時代 前期
「土御門家」の陰陽道支配

安倍晴明の子孫である二つの陰陽師家

戦国時代に勘解由小路家が断絶していたため、江戸時代には土御門家が天文道と暦道を掌握することになった。ただし、専門知識が必要な造暦は一朝一夕に担うことは難しく、元和元年（1615）には奈良から招聘された幸徳井家が担当することになった。

幸徳井家の初代は応永26年（1419）に賀茂家庶流の養子となった安倍友氏の子・友幸である。つまり、幸徳井家は安倍家の血統の賀茂家庶流ということになる。奈良県奈良市の興福寺や春日大社には専属の陰陽師が多くおり、幸徳井家もこの南都陰陽師の一派だった。幸徳井家は賀茂家伝統の暦道の知識を継承しており、応仁元年（1467）の応仁・文明の乱の混乱期には幸徳井友重によって独自の暦・南都暦がつくられた。そのため、幸徳井家は暦を売って歩く全国の声聞師（民間陰陽師）に大きな影響力を持っていた。

元和4年（1618）、2代将軍徳川秀忠が娘の和子を108代後水尾天皇の妃とする準備を進めていたところ、その矢先に天皇の典侍（女官）であるおよつが懐妊した。このことに激怒した秀忠は、天皇の側近6人を処罰したが、その中の1人が家康に重用された久脩だった。久脩の失脚によって、土御門家に代わって陰陽頭に就いたのが幸徳井家である。

寛文年間（1661〜1673年）、土御門家が幸徳井家一派の声聞師に烏帽子免許（陰陽師の免許）を与えたことで、両者は激しく対立するようになる。土御門家は幸徳井家よりも格上であり、陰陽師の認定は土御門家が主導する立場を示したのである。その後も、全国の陰陽師・声聞師の支配をめぐる両家の論争が続くが、天和2年（1682）、幸徳井友傳の後継者である友信が幼いうちに亡くなったことで状況は一変する。

土御門泰福は朝廷と幕府に働きかけ、天和3年（1683）に「諸国陰陽師の支配」の天皇の綸旨と将軍の朱印状を得ることに成功した。これにより、全国の民間陰陽師は土御門家から、陰陽師の営業ライセンスである許状を得なければならなくなった。あらゆる陰陽師は土御門家の支配下に入ったのである。

『若杉家文書』陰陽道仮免許
京都府立京都学・歴彩館 蔵
朝廷と幕府への政治工作によって、土御門家が陰陽道宗家と認定された。全国の陰陽師は土御門家から許状を受けることになった。

江戸時代 中期

「天文方」の誕生と幕府の暦支配

渋川春海に協力した土御門泰福

土御門泰福によって、土御門家は全国の陰陽師に許状を与える「陰陽道本所」となったが、その背景には会津藩主・保科正之の支援があった。正之は2代将軍徳川秀忠のご落胤で、徳川家綱が11歳で4代将軍となるとその後見人となり、幕政に大きな影響力を持つようになった。正之は勉学家であり、会津藩邸には吉田神道の継承者で幕府神道方の吉川惟足や垂下神道を創始した山崎闇斎といった知識人が訪れ、講義を行っていた。この闇斎の門人だったのが、泰福と渋川春海である。春海は幕府お抱えの囲碁の棋士で、算術と天文に通じていた。泰福と春海は天文観測の勉強会をたびたび開き交流を深めた。

当時問題となっていたのは、暦が不正確になっていたことである。それまで、中国・唐の時代の宣明暦を用いた計算法で暦はつくられていたが、８００年以上が経ったことで、ずれが生じてきたのである。特に忌日とされる日蝕や月蝕の日が外れることが多くなっていたことは大きな問題だった。陰陽寮によって出される暦（京暦）が外れることは、天皇の威光に関わることだった。また当時は京都の暦以外に、南都暦や三嶋暦など地方ごとに暦があった。そのため、暦によって日付が異なることがあった。こうしたことから正之は改暦を行うことを決めたのである。この一大プロジェクトの一員に抜擢されたのが春海だった。春海は全国で天文観測を行ったが、京都を訪れた際には土御門邸にあった天文台で観測を行った。

春海は中国の暦や禁書だった西洋の最新の天文書を手に入れて、改暦事業を進めた。天和3年（1683）に春海によって完成した日本初の独自の暦は、5代将軍徳川綱吉に承認され、翌年の貞享元年（1684）、「貞享暦」が採用された。この改暦に当たっては、朝廷内の権力闘争による妨害があったが、泰福の朝廷工作によって成功した側面がある。

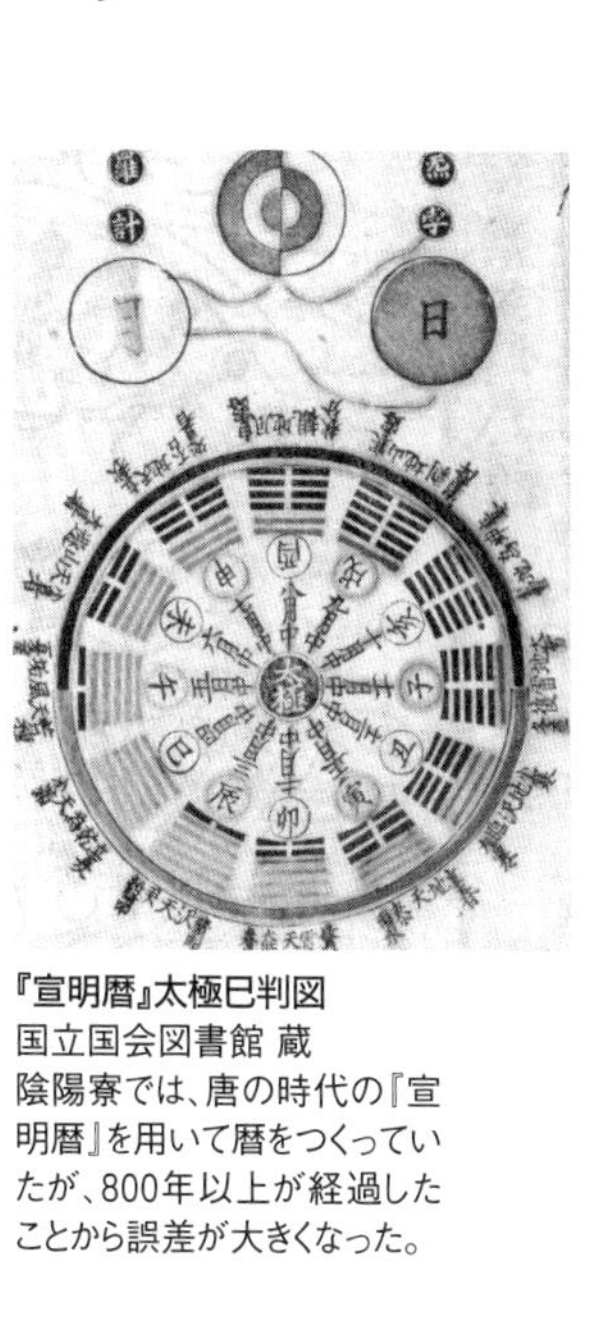

『宣明暦』太極巳判図
国立国会図書館 蔵
陰陽寮では、唐の時代の『宣明暦』を用いて暦をつくっていたが、800年以上が経過したことから誤差が大きくなった。

例えば、吉田神道や垂下神道などの理論を吸収した泰福は、陰陽道と神道を習合させ土御門神道（天社神道）を創始した。春海はこの土御門神道の門人となり、土御門家から伝授された形で暦が上表された。幕府主導の改暦への反発心を和らげるための工夫である。こうした泰福の協力のもと、823年ぶりに改暦が行われたのである。

天文方の誕生と幕府による暦支配

改暦という一大プロジェクトを成功させた春海は、幕府が新しく設けた天文方に就いた。それまで陰陽寮が独占的に行っていた天文観測と暦の作成に対して、新たに幕府の機関ができたのである。宝暦5年（1755）には再び改暦が行われるが、この時は幕府の天文方と陰陽頭だった土御門泰邦（やすくに）が対立し、論争に勝利した泰邦が改暦を行うことになった。

ところがこの宝暦暦は、宝暦13年（1763）の日蝕を外してしまう。そのため、明和8年（1771）に修正版がつくられ

『富嶽百景』浅草鳥越の図
天明2年（1782）に設立された浅草天文台。大型の簡天儀が描かれている。天文観測は土御門家とともに幕府の天文方でも行われるようになった。

たが、これも精密なものではなかった。以降、幕末までの2回の改暦はいずれも幕府の天文方が担った。改暦は実質的に朝廷から幕府の専任事項になったのである。

造暦は陰陽寮から幕府の天文方に移ったわけだが、土御門家にとってはそれほど憂慮すべきことではなかった。暦は毎年発行されるが、その流れを見てみよう。まず江戸にある天文方の暦職が天文カレンダーをつくり、この暦の原案が京都の土御門家に送られると、暦道を家業とする幸徳井家によってその日の吉凶などの「暦注」が加筆される。この暦が再び天文方に送られ清書されたのちに、再び土御門家に戻される。そして形式上、朝廷に献上されたのちに、一般に頒布された。日蝕などの日時を計算するなど、最も手間と正確性が求められる天文カレンダーの作成を幕府の天文方に任せるとともに、形式上は土御門家が造暦を主導している体裁を取ったのだ。

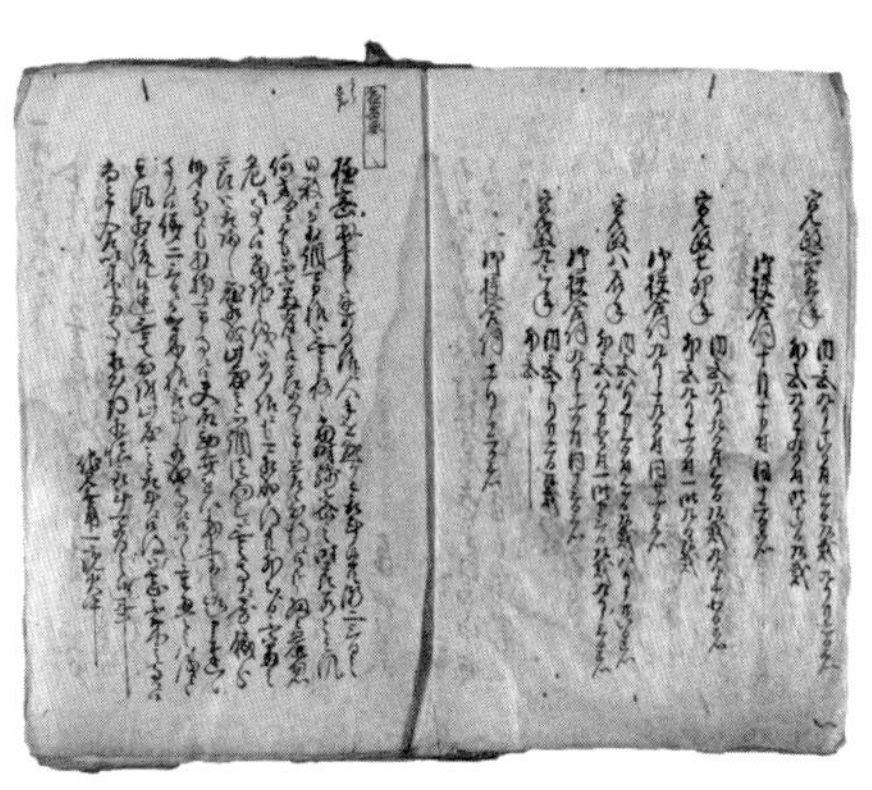

『若杉家文書』天文暦方往来留
京都府立京都学・歴彩館 蔵
天文方の暦職でつくられたカレンダーは土御門家に送られ、幸徳井家が暦注を書き加えるなどして、「暦」となった。

江戸時代 中期

各地の占い師を統括した「触頭（ふれがしら）」

土御門家が全国の占い師を統括

天文観測といった自然科学の分野について、対応できなくなりつつあった土御門家は、占いやお祓いなど、より呪術的な側面を強めていった。土御門泰福が創始した土御門神道は、こうした流れを先取りしたものといえる。当初、民間陰陽師で土御門家の許状を得たのは、畿内や三河・尾張国（現在の愛知県）の声聞師だった。一方、占術は、神道や修験道、道教などにもあり、陰陽道の専売特許ではなかった。また江戸や大坂などの大都市に住み特定の組織に属さないフリーの陰陽師や、神官や医師を兼業する占い師、独学で易占を取得した者などがいた。18世紀に書かれた随筆『塵塚談（ちりつかだん）』では江戸に多いものとして、「どこの町にも占い師がいる」とある。

また江戸時代中期になると、占いは式盤などを用いた陰陽道の占術から、今日でも見られる易占が主流となっていった。これは江戸幕府が儒教を国教化し、易経が儒教の聖典だったことが背景にある。宝暦年間（1751〜1764年）、土御門家はこうした占い師について土御門家の許可を得るように幕府から通達を出すように要請している。

明和年間（1764〜1772年）以降、まずは江戸府内で、流派を問わず占いをする者を「売卜組（ばいぼくぐみ）」として加入させた。寛政3年（1791）にはこれが全国にまで拡大され、占いを生業にするものの「売卜組」への加入を義務化した。土御門家は未加入で占いを行う者に対して、出役（しゅつやく）を派遣して加入を促した。

『三十二番職人歌合』算置（さんおき）
国立国会図書館 蔵
算置とは、算木（さんぼく）と呼ばれる計算道具を使った占い師。土御門家はこうした民間占い師の支配も目指した。

こうして山陰や九州地方を除く全国で、地域の民間陰陽師や占術師を統括者である「触頭」が置かれるようになった。大衆化した呪術を管理下に置こうと土御門家は活動したのである。しかし、武士が占いを行って報酬を得たり、修験者が信者に無償で占いをするといったケースについては、土御門家の許可が必要なく、土御門家の占術独占は完全には実現しなかった。

江戸時代 後期

幕末の人材を輩出した「斉政館」

陰陽道の知識を門人に公開

大衆文化に飲み込まれ、学術的権威を失いつつあった陰陽道に対して、土御門家は新たな試みを行う。寛政12年（1800）、土御門泰栄（やすなが）は土御門家に伝わる神道、天文道、暦道、易占といった陰陽道の諸術を伝授する「斉政館」を開いた。それまで家中で継承された陰陽道の知識を門人に解放したのである。斉政館では暦算（天文カレンダーの作成）や陰陽道の講義、占術書の出版などが行われた。「斉政館」は人気だったようで、当初は京都梅小路の土御門邸に置かれていたが、市街地の外れだったため、中心部である四条に稽古所を設けて、月3回塾が開かれた。

江戸時代後期には、日本近海に外国船が多く現れるようになり、幕府は対外的な脅威にさらされるようになった。こうした中で、幕府は蘭学書（オランダの書物）の統制を強め、西洋の知識を占有した。そのため、天文学に関心がある知識人たちは斉政館に入門したのである。例えば、阿波藩士・小出兼政（修喜）は斉政館で、幕府の天文方で閲覧を禁じられていた西洋天文学の「消長法（日蝕・月蝕が起きる周期の法則）」を学んだ。斉政館で学んだ者たちは、天文学や測量技術などを活かして地方社会で活躍するようになった。

この斉政館の門人の1人に文化6年（1809）に入門した鶴峯戊申がいる。豊後国（現在の大分県）の神官で、国学者・平田篤胤と交流を持った人物である。篤胤は幕末の尊皇攘夷運動に大きな影響を及ぼした人物である。戊申は水戸藩の藩塾・弘道館に出仕し、天文学を教えている。この弘道館もまた尊皇攘夷思想の拠点となった場所である。一方、門下生の中には、慶応元年（1865）の長州征伐で、算術測量方として従軍し、幕府軍の砲術指南を行った者もいた。陰陽道における実学は、幕末において、幕府側、討幕側の両方から求められたのである。

『星圖歩天歌』 国立国会図書館 蔵
文政7年（1824）に斉政館から出版された中国の天文書。土御門家は天文の専門知識を一般開放した。

「天社禁止令」と陰陽寮の廃止

陰陽道の禁止と特権の剥奪

慶応4年・明治元年（1868）1月に明治新政府が樹立すると、早くも3月に神仏分離令が出された。天皇を中心とした国家づくりを目指す新政府は、天皇の正統性を高めるために日本独自の神道を主軸に置いた。そのため、1300年間続いた神仏習合は分離し、神社から仏教的要素が排除された。こうした流れは他の宗教にも行われ、明治3年（1870）、陰陽道を禁止する「天社禁止令」が出された。ちなみに修験道禁止令はその2年後の明治5年（1872）に出されている。欧米列強に並ぶ近代国家を目指した新政府は、科学的根拠のない「淫祀邪教」の撲滅を目指した。陰陽道は自然科学的な側面を持ち、幕末には西洋の天文や測量技術も取り入れていたが、さまざまな宗教を習合してきた。また陰陽道の基礎理論が輸入されたものであることも禁止対象の一因だった。

また土御門家が有していた陰陽師の免許制度は、新政府が打ち出した四民平等に反するものでもあった。天社禁止令によって、1169年続いた陰陽寮は廃止された。さらにそれまで歴代天皇の即位の際に行われていた天曹地府祭も廃絶され、官人陰陽師も身分が剥奪されて平民となった。ただし、のちに土御門晴栄(はれなが)は子爵となっている。

土御門斎場天壇(福井県おおい町)
安倍家の所領があった名田庄には、陰陽道の祭祀場や安倍家の墓などが残っている。

陰陽寮の廃止に伴い、新たに天文暦道局（同年、星学局に改称）が設置されると、土御門家は所蔵する天文道・暦道などの蔵書を寄贈し、土御門家の知識を伝授する旨を伝えるが、この願いは叶わず、土御門家は造暦の権利も剥奪された。

身分が剥奪された陰陽師は、明治政府によって身分保証された僧侶や神官に転職したり、教派神道（神仏習合の形式を残しながら存続が認められた神道系宗教団体）に所属するなどしたようである。しかし、陰陽師のその後についてはほとんど記録がない。近代国家建設の陰で、陰陽師は歴史の表舞台から姿を消したのである。

キリシタンになった陰陽師「マヌエル・アキマサ」

16世紀に鉄砲が普及すると、日本ではほとんど産出されない火薬の原料・硝石の需要が高まった。スペインやポルトガル、オランダなどから商人が来日し、南蛮貿易が行われるようになり、イエズス会を中心とするキリスト教の普及活動も行われた。キリスト教の普及では、有力者の支援を得るとともに民衆の関心を惹くために、その教えだけでなく天文や地理の科学的知識も説いた。天文学は世界の理につながるものであり、宣教師にとっても必須の知識だった。天文と深く結びついた宗教という点では、日本の陰陽道に通じる。

永禄６年（１５６３）に来日したルイス・フロイスが著した『日本史』には、京都で最初にキリシタンとなった人物として「アキマサ」の名が記されている。アキマサとは勘解由小路在昌のことで、『日本で最高の天文学者の１人で公家』と解説されている。在昌はキリシタンになり、日本におけるキリスト教の中心地である九州に渡った。陰陽道はさまざまな最先端知識や祭祀を吸収し発展してきたが、こうした陰陽道の積極的な姿勢が在昌の改宗にも見られる。

闇の世界にアクセスする陰陽道の奥義

陰陽道の基礎理論「陰陽五行説」

陰と陽の対で構成される二元論・陰陽説

陰陽道とは何か、という質問に対してひと言で説明することは難しい。陰陽道は、天文と暦、占術、祓(はら)いの呪術のように多岐にわたり、さらに時代を下るごとに、神道や道教、さらには西洋の近代天文学まで組み込んでいったからだ。古くは天皇や上級貴族、中世には武家、近世には庶民の求めに応じて陰陽道は進化していったのである。

陰陽道の根幹を成すのが陰陽五行説と呼ばれるものである。この陰陽五行説の理論を駆使して未来を予測し、目に見えない世界の仕組みにアクセスすることで、目に見える世界を操作する、ということになる。からくり時計を例にしてみよう。からくり時計では人形などが生きているかのような複雑な動きをする。しかし、内側の仕組みは複数の歯車を組み合わせたシンプルな構造である。陰陽道は目に見えない世界の裏側の歯車を操作するイメージである。この世界の裏側の仕組みこそが陰陽五行説である。

陰陽五行説は、陰陽説と五行説に分けられる。陰陽説とは、この世界のあらゆるものは陰と陽の対で構成されているという思想である。わかりやすい例が、男と女、昼と夜、熱い・冷たい、などだ。陰陽師が天文観測を行うのも、人間が住む「地（陰）」の対となるのが「天（陽）」だからであり、天文に変化があれば地上においても変化が起きるとされる。

陰陽太極図
白の部分が「陽」、黒の部分が「陰」で、それぞれの点は「陽中の陰」「陰中の陽」をあらわしている。この世界は対となる陽と陰が重なり合うように成り立っているとされる。

あらゆるものの循環をあらわす五行説

もう1つの理論である五行説は少し複雑だ。この世界は5つの構成物（木・火・土・金・水）で成り立っており、一定の規則性を持って運行されているとするものである。

この5つの構成物は順番に発生する循環の関係にある。木から火が、火から土が、土から金（金属）が、金から水が生まれ、再び水から木が生まれるというわけだ。つまり、木→火→土→金→水→木→火……と延々と次のものを生み出していくのである。自然環境の循環を思い浮かべると、これによく当てはまることがわかる。これを五行相生（そうしょう）説という。

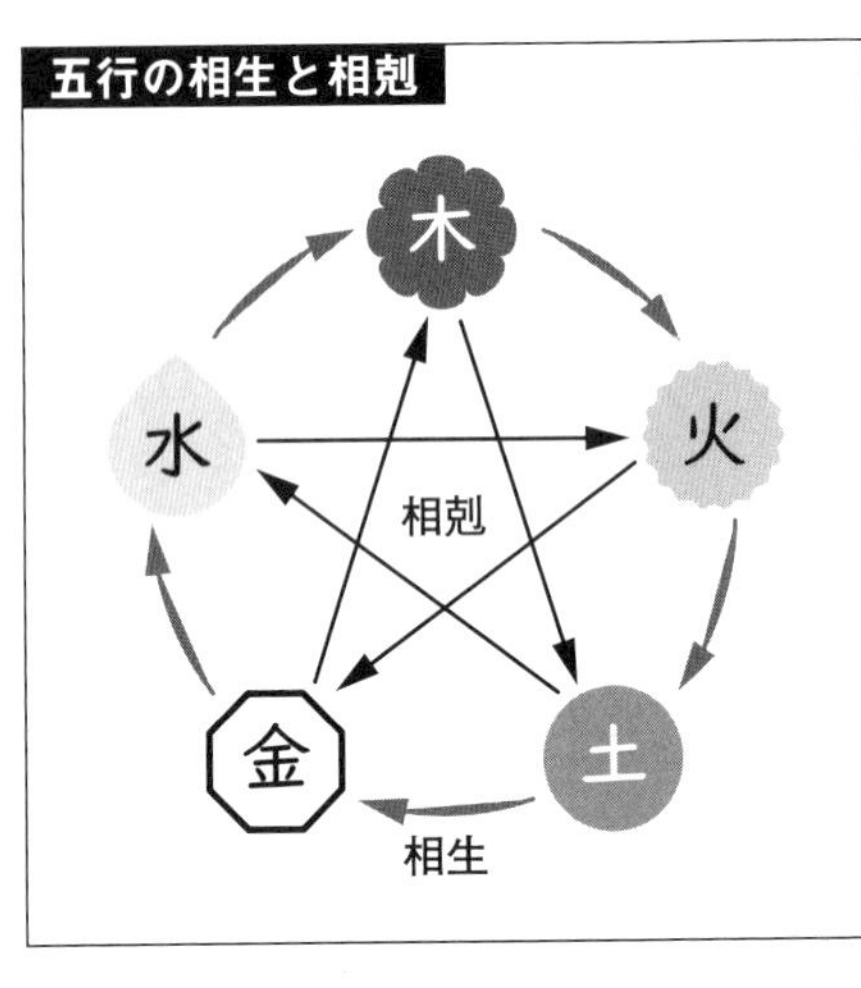

五行相生説は5つの構成物がそれぞれを生む「プラスの関係性」をあらわしたものだが、反対にそれぞれにダメージを与える「マイナスの関係性」をあらわしたものが五行相剋説である。木は土から養分を吸い取るので土に勝つ、土は水を堰き止めるので水に勝つ、水は火を消すので火に勝つ、火は金を溶かすので金に勝つ、金は木を伐るので木に勝つ、という仕組みだ。五行相剋説の関係を図示すると五芒星になる。

五行相生説と五行相剋説は自然の摂理をよくあらわしているといえる。陰陽道では、この五行説が自然環境だけでなく、体内の循環や人間関係まであらゆる分野に当てはまると考える。例えば、臓器では、肝臓（木）、心臓（火）、脾臓（土）、肺（金）、腎（水）にそれぞれ当てはめられ、それぞれ相生と相剋の関係がある。このようにあらゆるものに五行を当てはめ、それぞれの関係性から世界を読み解くのだ。

陰陽道の時空理論「十干十二支（じっかんじゅうにし）」

方位と時間をあらわす十二支

陰陽説が世界の構造を、五行説が世界の循環システムをあらわしているが、森羅万象を読み解くにはさらに二つ必要な要素がある。すなわち時間と空間である。陰陽道で十干十二支と呼ばれるもので、まずはわかりやすい十二支から説明しよう。十二支は子・丑・寅・卯・辰・巳・午・未・申・酉・戌・亥の総称で、今日でも生まれ年の十二支は馴染み深いだろう。

この十二支は年だけでなく、日時においても用いられる。安産祈願の吉日とされる戌の日や土用の丑の日、呪いの儀式が行われる丑の刻（午前1～3時）などが広く知られている。十二支は方位にも当てはめられ、例えば鬼が侵入する方角である北東は丑と虎の方位であるため、鬼は牛のツノを持ち、虎のパンツを穿いた姿で描かれる。

陰陽五行説を応用した十干

十干は、五行説（木・火・土・金・水）に陰陽説の兄（え）（陽）と弟（と）（陰）を加えたものだ。木の兄＝甲（きのえ）から水の弟＝癸（みずのと）まで、甲（こう／きのえ）・乙（おつ／きのと）・丙（へい／ひのえ）・丁（てい／ひのと）・戊（ぼ／つちのえ）・己（き／つちのと）・庚（こう／かのえ）・辛（しん／かのと）・壬（じん／みずのえ）・癸（き／みずのと）の10の順番に並ぶ。ちなみに現在でも上旬や下旬といった言葉を使うが、これは十干（10日）＝一旬からきている。

さらに十干の順列と十二支の順列を組み合わせると、甲子（きのえね）から癸亥（みずのとい）まで60通りの順列が生まれる（六十干支）。毎年のカレンダーには、その年の六十干支が記されているものもあり、例えば令和6年（２０２４）は甲辰（きのえたつ）である。乙巳の変や壬申の乱などもこの六十干支を用いた名称である。60歳を「還暦」というがこれも生まれ年の六十干支に再び「還る」ことを指している。

六十干支は年だけでなく日にも当てはめられ、平安貴族が生活指針にした「具注暦」をはじめ、現在の暦にも記されている。その年と日の六十干支や季節の属性などの組み合わせを読み解くことで、その年月日自体の吉凶や方位の吉凶を推測したのである。

十干十二支を見てみると、10進法と12進法の組み合わせであることに気がつくだろう。

十干（10進法）

甲	乙	丙	丁	戊	己	庚	辛	壬	癸
木の兄	木の弟	火の兄	火の弟	土の兄	土の弟	金の兄	金の弟	水の兄	水の弟

十干支（12進法）

子	丑	寅	卯	辰	巳
午	未	申	酉	戌	亥

六十支（60進法）

甲子	乙丑	丙寅	丁卯	戊辰	己巳	庚午	辛未	壬申	癸酉
甲戌	乙亥	丙子	丁丑	戊寅	己卯	庚辰	辛巳	壬午	癸未
甲申	乙酉	丙戌	丁亥	戊子	己丑	庚寅	辛卯	壬辰	癸巳
甲午	乙未	丙申	丁酉	戊戌	己亥	庚子	辛丑	壬寅	癸卯
甲辰	乙巳	丙午	丁未	戊申	己酉	庚戌	辛亥	壬子	癸丑
甲寅	乙卯	丙辰	丁巳	戊午	己未	庚申	辛酉	壬戌	癸亥

数字は10を基本単位にしているが、その起源は指の本数といわれる。一方、12を1ダースというように12進法も存在する。これは月の満ち欠けの回数が年間で約12であることに由来する。さらに12は、2、3、4、6で割ることができる便利な数でもある。月や時計が12進法であるのはこのためだ。

さらに時計の分針や秒針は60進法になっているが、これは5でも割れる。そのため、5分や10分といった見やすい単位となっている。十干十二支は単に神秘的な思想というわけではなく、科学的・数学的理論に則ったものであることがわかるだろう。

魔を祓い、生命を操る陰陽道の秘術

占いで読み取った未来を呪術で変える

陰陽道は陰陽と五行のバランスを読み取り、十干十二支で日時や方位の組み合わせから吉凶を推測するものである。つまり、陰陽道の理論を用いて自然現象を読み解くことで未来を予測する、占い的な要素が強かった。これは一定の法則から未来の天体の動きを推測するという自然科学と同じようなアプローチ方法といえるだろう。厩戸皇子は冠位十二階に陰陽五行説に基づいた色を用いた（96ページ参照）。これは陰陽道の理論に基づいたものこそが優れており、外れたものは劣っているという考えからである。こうした自然科学理論ともいえる陰陽道に呪術的要素が加わっていった。奈良時代には道教の、平安時代には密教や神道の儀式や呪術が取り入れられた。それまで森羅万象を読み解くことで、「原因」や「吉凶」を判別していた陰陽道が、儀式や呪術という「解決」の手段を持ったのである。

秘術1

中国・夏王朝から伝わる 反閇

ルート上の魔を踏み破り、貴人の心身を護る

反閇とは陰陽師が独特な歩行法によって、魔を踏み破る呪術である。天皇や貴人の外出の際に行われ、ルート上にある災厄の清掃作業ともいえるものだ。反閇で使う歩行法は禹歩と呼ばれる。「禹」とは中国の夏王朝を興した聖王・禹のことで、もともとは道教の呪術だった。禹歩は、足を引きずるようにして、前足が後ろ足を追い越さないように左右交互に足を進める。反閇には大中小の3種類があり、大反閇は弓を、中反閇は太刀を、小反閇は笏を持って行う。反閇では禹歩に加えて呪文が唱えられる。『小反閇作法并護身法』に記された安倍泰親が行った小反閇では、「南無」ではじまり「急々如律令」で終わる勧請呪を唱える。さらに4つの呪文ののち、最後に四縦五横呪（九字）の呪文を唱える。

『若杉家文書』小反閇作法　京都府立京都学・歴彩館 蔵
呪術的歩行法である禹歩のステップの順番が記されている。

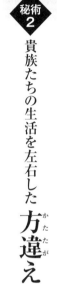

秘術2 貴族たちの生活を左右した方違え

暦神の目をあざむくための一時的な引越

今日の暦では「五黄殺」や「暗剣殺」といった凶方が記されているが、陰陽道において重要視されたのは、八将神と呼ばれる暦神である。暦神は年によって居場所の方位を変える神で、また遊行日と呼ばれる特定の日にも居場所の方位を変える。八将神は星の神であり、それぞれ太歳神（木星の精）、大将軍神（金星の精）、大陰神（土星の精）、歳刑神（水星の精）、歳破神（土星の精）、歳殺神（金星の精）、黄幡神（架空の星・羅睺の精）、豹尾神（架空の星・計都の精）となっている。大将軍神がいる方角は凶とされ、3年間動かないことから「3年ふさがり」ともいわれる。一方、太歳神はこの方位で行うことは吉となるが、木を伐ることは凶など、吉凶が混ざったものもある。凶方に向けての行動を控えることを方忌みという。

天禄4年（973）に宮中の建物が大風によって壊れたため、修繕を行うことになった。

陰陽頭だった賀茂保憲が修繕の日時を占ったところ、この建物が大内裏から見て、この年の大将軍神がいる南方だったと判明した。そのため、大将軍神が一時的に南方を離れる遊行日に行うことを進言したという。

とはいえ、暦神がいる凶方位に出向かなくてはいけない場合もある。特に大将軍神のいる方位に3年間も方忌みするわけにはいかない。方位は京都の北や南西といった東西南北ではなく、自らが居住している場所が基準とされた。そこで、あらかじめ居場所を一時的に移して滞在したのちに、目的地に向かうという方法が取られた。暦神の目を欺く作戦が取られたのである。これが方違えと呼ばれる方位呪術である。月・日・時といった短い時間の凶方の場合は1日から数日間、大将軍神などの年単位の凶方では45日間の方違えが行われた。方位神はのちに、天一神（てんいちじん）、太白神（たいはくじん）、王相神（おうそうじん）、土公神（どくじん）なども加えられ、より複雑化していった。また陰陽道に対抗するために、院政期には儒教が最恐の方位神として金神を提唱した。

『安部晴明簠簋内傳圖解』豹尾神
国立国会図書館 蔵
八将神のうちの一神で、計都星という架空の星の精とされる。不浄を嫌い、この方位で大小便をすることや家畜を飼うことは大凶とされる。

秘術3 あらゆる祈願を成就させる 五段祈禱法

五行の祭壇を設けて相生の循環を行う

室町幕府の3代将軍足利義満は安倍有世を重用し、天皇家しか行えなかった密教の秘法である五壇法を行わせた（135ページ参照）。陰陽師である有世がどのように五壇法を行ったのかはわかっていないが、陰陽道にはこの五壇法を深い関わりがあると考えられる五段祈禱法というものがある。

五段祈禱法は陰陽五行説に則ったものである。密教の五壇法では五大明王を祀るが、五段祈禱法では五行の祭壇を設けて、東には木＝榊、南に火＝ローソクの火、西に金＝小刀や金属製の鈴、中央に土＝皿に盛った土、北に水＝壺に入れた水を祀る。そして、五行相生説の通りに木→火→土→金→水の順に祭祀を行うという。

五段祈禱法は国家安泰や五穀豊穣といった国家祭祀的に行われるとともに、夫婦円満や縁結び、病気平癒といったプライベートなものまで、あらゆる願意に効果があるという。

秘術4

病原を特定し治療する 六三除け

算術によって病気の原因と長さを突き止める

平安時代以降、上級貴族をはじめとする権力者たちのニーズが大きい呪術が、病気の治療だった。陰陽師は天文観測を行い、暦をつくる仕事もあるため、算術にも通じていた。そのため、病気の原因究明や長さなどを計るための呪術には算術を取り入れたものもある。

晴明の時代から使われていたとされる呪術が記された、江戸時代編纂の呪術書『呪詛調法記』には、原因不明の病気に対する呪術が記されている。医学が未発達の時代、陰陽師の重要な仕事が病気の原因を突き止めることだった。

その方法の一つが六三除けである。六三除けでは男女の体の部位をまず9つに分ける。男性は、①右足、②左脇、③左足、④腹、⑤右肩、⑥右脇、⑦左肩、⑧股、⑨頭、女性は男性の左右対称の位置となり、①左足、②右脇、③右足、④腹、⑤左肩、⑥左脇、⑦右肩、⑧股、⑨頭となる。そして発病した年齢（数え年）を9で割る。割り切れたら頭部、割り

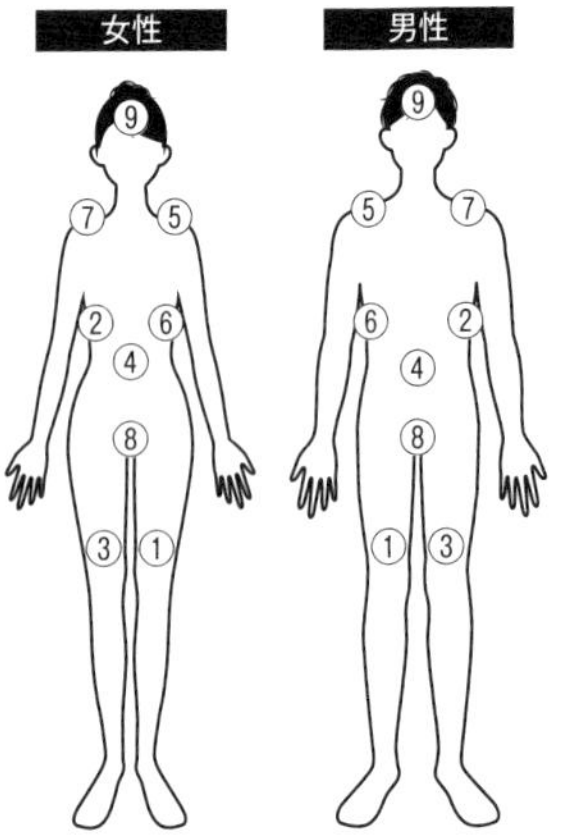

切れなければ余りの数の部位が病気の原因とされる。例えば男性で24歳だった場合、⑥右脇が病気の原因とされる。

女性　男性

六三除け
陰陽五行説では男女は対の存在のため、対応する部位は左右対称となっている。

病気がどれだけ長く続くかを占う方法もある。病人の年齢（数え年）と発病した月、占う日を合計して3で割る。余りが1ならば、病気は軽くすぐに治る。余りが2ならば、病状が悪化する危険性があるために安静が必要である。もし割り切れてしまった場合は、長期療養となるか、死の危険もあるとされた。

豆腐を用いた病気平癒の呪術

病気の原因がわかったら、次に治療法である。まず、豆腐1丁を患者の年の数だけ賽（さい）の目に切り、醤油と酒とともに神前に供え、病気平癒の祈願を行う。そして、「五王ある中なる王にはびこられ病はとくに逃げ去りにけり」と10回唱え、四拍手九礼を行う。神前に供えた酒を3口で飲み、豆腐を5切れ食べる。残った豆腐は9枚の白紙で包み、川や海に

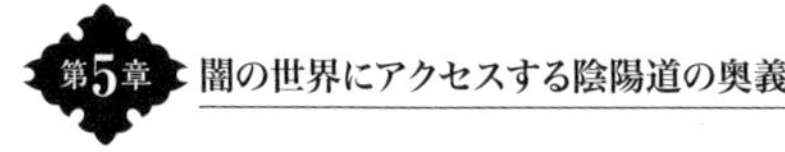

流す。その際、「千早振（ちはやぶ）る神の祟りを身に受けて六三除け身こそやすけれ」と唱える。これによって病気の原因は祓われるという。

これでも病気が治らなければ、余命を知るための呪術も存在する。雪隠（せっちん）（トイレ）の神へ余命を問うもので、「ハニヂノ大神生死を告げ給へ」と唱えると、生死のビジョンが見えるという。

六三除け以外にも、陰陽道には健康に関する呪術が多くある。乳幼児死亡率が高かった時代には、子どもの無病息災や無事の成長への願いは切実だった。『簠簋内伝（ほきないでん）』には、子どもの健康な成長を願う「犬の子」という呪術が記されている。子どもの額に「犬」と書くという簡単なもので、犬の子どもはよく育つことから生まれた呪術である。

『建保職人歌合』陰陽師　国立国会図書館 蔵
江戸時代の陰陽師の姿。薬師（医者）の次に描かれており、陰陽師が呪術によって病気を治す存在として紹介されている。

安倍晴明が創始した最強の秘術 泰山府君祭（たいざんぶくんさい）

冥府にある人間の寿命の記述を書き換える秘術

陰陽道における最高の秘術とされ、その後、安倍家に伝承された最も重要な祭祀が泰山府君祭である。泰山府君は安倍晴明によって陰陽道の最高神とされた神で、万物や人間の生死を司る。泰山府君は、陰陽五行説に基づいた中国の5つの霊山の一つである東岳（とうがく）（泰山）の神・東岳大帝とされる。泰山府君は閻魔大王と同一視されることもあり、人間が死ぬと泰山府君の元に戻り、現世で犯した罪が報告されて来世の管理をされるという。

泰山府君は人間の寿命を記した巻物を持っているとされ、この人間の寿命を書き換えることによって延命長寿にするというものである。そのため、米や鏡などとともに、筆、硯（すずり）、墨、紙といった筆記用具が供えられる。

説話集『今昔物語集』や『泣不動縁起絵巻』には、晴明が病に臥した高僧を助けるための方法として他の者の寿命を継ぎ足すことができることを述べている。こうして1人の弟

『不動利益縁起絵巻』
東京国立博物館 蔵
TNM image Archives 提供
安倍晴明によって創始された泰山府君祭は、のちに天曹地府祭にグレードアップされ、天皇の即位時に行われた。

子が自らの命を差し出したところ、掛けてあった不動明王の絵から血の涙が流れた。弟子の心に感激した不動明王が身代わりになったため、高僧も弟子も助かったという。

泰山府君祭は幼少のうちに即位し、病弱だった66代一条天皇のために安倍晴明が創始した祭祀であり、天皇以外にも上級貴族に行われた。ただし、泰山府君祭は宮中で行われるものだったため、その内容はわかっておらず、後世に『今昔物語集』に描かれたような説話がつくられたのだろう。

泰山府君祭はのちに安倍家によってグレードアップされ、天曹地府祭となった。安倍家の家伝の秘法として、歴代天皇の即位時に行われるようになった。原則的に一世一代に限り行われ、天皇に降りかかるすべての災厄を祓い、延命長寿を祈願するものである。天曹地府祭では、天皇の衣装から穢れを移してお祓いしたのち、泰山府君をはじめとする12座の星神を降臨させて酒を献上し、延命長寿を祈願するという。

呪力が込められたお札「符呪（ふじゅ）」

もともとは行政文書の定型文だった呪文

陰陽道における独特なお札に符呪がある。今日の神社仏閣で頒布されるお札の原型は符呪とされる。符呪に書かれる文言で多くあるのが、「急々如律令」というものだ。映画などの創作物で陰陽師が唱える呪文として耳にしたことがある人も多いだろう。これは「急ぎ律令の如くすべし」という意味で、もともとは古代の中国の行政文書で、速やかに命令を実行するように促す定型文だった。ここから、陰陽道では物事が早く実現することを促す呪文となったようだ。

この他、魔除けの記号として、五芒星（セーマン）や九字（ドーマン）などがある（71ページ参照）。陰陽道は、神道や密教、修験道などの呪術や祭祀も組み入れてきた。そのため、仏教の神仏をあらわす梵字（ぼんじ）や神道の神の名が記されたものもある。

呪咀返しの符呪
人から呪いを受けた際に身を守る符呪で、これを白紙に書いて清らかな水とともに飲むと呪詛者を呪い返すことができるとされる。

痢病（赤痢）除けの符呪
赤痢が流行した場合に身を守る符呪で、端午の日に朝露とともに飲むと1年間感染しないとされる。

病人全治の符呪
陰陽道と密教を習合した符呪で、病人が常に首にかけて肌身離さずにいれば、病気が全快するとされる。

開運盛業の符呪
二つつくり、一つは神棚などに祀り、もう一つは門戸などの出入り口に人目につかないように置くとされる。

訴訟必勝の符呪
神道における知恵の神・オモイカネ（思兼）の神名が記されている。右を神棚に安置し、左を身につけると訴訟に勝利するとされる。

『加持祈祷神伝』国立国会図書館 蔵

家を災厄から防護する72種類のお札

陰陽道には、円と線で星と星座をあらわした幾何学図形や呪文が描かれた小型のお札がある。霊符と呼ばれるもので、神棚に安置したり、壁や柱に貼ったり、袋に入れてお守りとして身につけて用いる。

最も有名なものに、鎮宅七十二霊符がある。その名の通り72種類のお札を1枚に並べた大判のもので、家を火災や災害から守る「鎮宅」の護符である。陰陽道では、この72種類の霊符の力の源泉となっている鎮宅霊符神という神だ。霊符に星座が描かれているように、鎮宅霊符神は天の世界では北辰尊神（北極星の神）とされる。鎮宅霊符神は5世紀の33代推古天皇の時代に百済から渡来した2人の王子が伝えたとされる。「72」というのは易占で用いられる八卦と

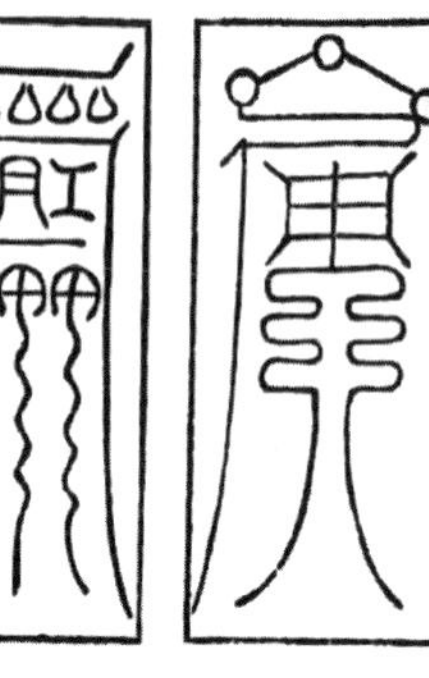

『加持祈祷神伝』五穀豊穣の霊符
国立国会図書館 蔵
右から「鎮土」「除災」「豊作」の霊符で田畑に立てれば、害虫を除き、災害から守り、豊作につながるとされる。

六十四卦を足した数であり、易経の呪法を持つ霊符ともされる。

12世紀に記された平信範(のぶのり)の日記『兵範記(へいはんき)』には、仁平3年(1153)に陰陽頭の賀茂憲栄が来て、母屋の四方にお札を打ち、鎮瓶(ちんびょう)と七十二星鎮札櫃(せいちんさつびつ)を掲げたことを記録されている。邸宅の東西南北にお札を貼り、さらに瓶状の物を埋めたようだ。現在も地鎮祭では土地の神への捧げ物として「鎮め物」が埋納される。

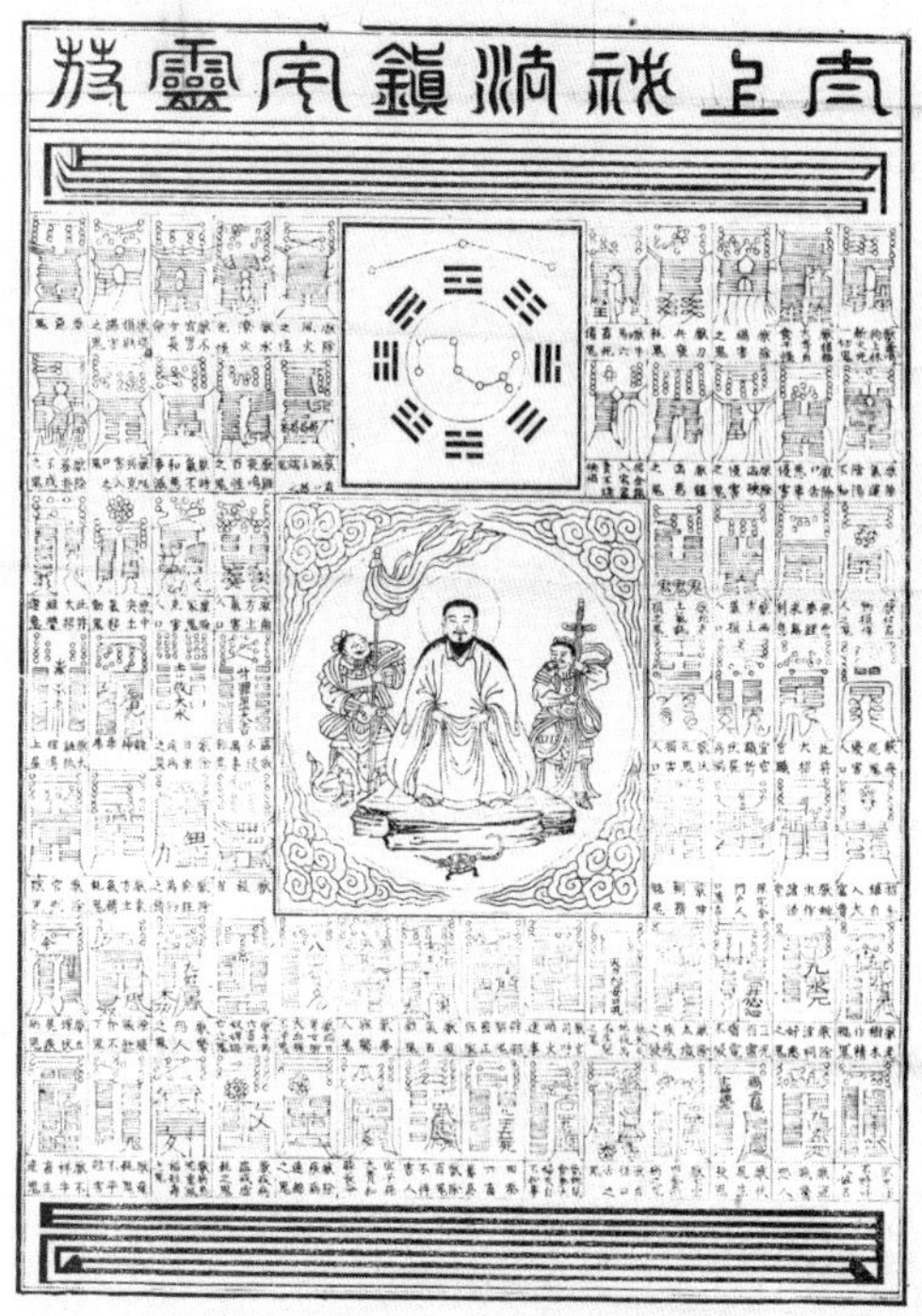

鎮宅七十二霊符
京都府立京都学・歴彩館 蔵
鎮宅霊符神はもともと道教の玄天上帝とされ、北極星の化身である。鎮宅霊符神の上には北斗七星と八卦が描かれている。

都から多く出土する木製人形と人面墨書土器

現在でも6月と12月に神社で大祓が行われるが、その際に人の形をした紙を体に撫でつけて穢れを転移させ、この紙を燃やしたり海に流したりして祓う儀式が行われる。同様の儀式は陰陽道が起源とされ、「撫で物」と呼ばれる。平城京や平安京などからは人の形をした木片が多く出土しており、現在の大祓の人形と同様の儀式が行われていたと考えられる。木製以外の身代わりとなる呪具として人面墨書土器というものもある。人面土器の顔は、穢れを祓う本人の顔とも、災厄をもたらす鬼の顔ともいわれる。人面ではなく、呪文などが書かれたものもある。説話集『宇治拾遺物語』では、藤原道長を呪詛するために、二つの土器の中に呪物を入れて重ね合わせて埋める方法が描かれている。実際に屋敷跡などからは、二つの墨書土器を重ね合わせたものが出土しており、地鎮祭などで埋納された「鎮め物」だったと考えられる。大阪府高槻市の遺跡の井戸の跡から出土した2枚合わせの土器の内側には、片方には五行の神をあらわす東西南北と中央の「土公水神王」の文字が、もう片方には「天照大神」「十二神将」の文字が記されていた。

現代に受け継がれる陰陽道

身近で行われている陰陽道の行事

今も行われる陰陽道の行事・五節句

明治時代に禁止された陰陽道は、民間の習俗として残り続けた。現在の人々にも馴染み深いさまざまな行事について紹介しよう。

初詣は、もともとはその年の恵方にある神社仏閣に参詣する「恵方詣」が起源である。また1月7日の七草粥（ななくさがゆ）は、生命を司る北斗七星に通じることから、延命長寿の効能があるとされる陰陽道発祥の習俗だ。

年間を通じて行われている陰陽道が起源の行事でよく知られているのが、節句だろう。3月3日の上巳（じょうし）の節句＝雛祭り（ひなまつ）り、5月5日の端午の節句、7月7日の七夕、9月9日の重陽（ちょうよう）の節句である。陰陽道において奇数は「陽」の数字で吉日とされるが、陽数が二つ重なることで、この日に無病息災などを願う厄祓（やくばら）いが行われるようになった。ちなみに1月1

『公事十二ケ月絵巻』乞巧奠　国立国会図書館 蔵
宮中で行われていた七夕行事で梶の葉や五色の紙垂を設置し二星神を祀る。現在の笹の葉と短冊のルーツである。

日は元日のため、1月7日が人日（じんじつ）の節句とされ、これらを五節句という。

上巳の節句は、もともと3月最初の巳の日（上巳）の日に、「天児（あまがつ）」と「這子（ほうこ）」と呼ばれる人形に穢（けが）れを移して川に流す祓いの行事だった。この人形が雛人形の原型といわれる。端午の節句は、5月最初の午の日に行われた疫病除けの行事で、天皇は魔除けのために冠に菖蒲をつけた。

七夕では、乞巧奠（きっこうでん）と呼ばれる行事が行われ、牽牛（けんぎゅう）と織姫（おりひめ）の二つの星が祀（まつ）られた。奈良時代に伝わり、宮中祭祀として定着した。重陽の節句はその名の通り、最大の陽数「9」が重なる大吉の日である。宮中では菊見の宴が催され、菊酒が飲まれた。重陽の節句の前夜に菊に綿をかぶせて、翌朝その綿で体を拭うと長寿になるとされる「菊の被綿（きせわた）」の呪法も行われた。

全国の神社仏閣で頒布(はんぷ)される「暦」

陰陽寮から伊勢神宮発行の官暦へ

現在も年末年始には書店や神社仏閣で「暦」が販売されている。暦は単なるカレンダーではなく、日々の吉凶が書かれている。この吉凶の解釈で独自性が出てくる。そのため、神社仏閣がある旧都の南都暦、三嶋大社の三嶋暦、伊勢神宮の伊勢暦などがあった。こうした各地の暦は下級神官である御師と呼ばれる人々によって、全国で頒布・販売された。暦は財政面を支えるとともに、各地の神社仏閣の広報ツールでもあったのである。

明治3年（1870）に陰陽道が禁止され、陰陽寮も廃止された。さらにその翌年には御師も廃止された。しかし暦のニーズは変わることなく、明治15年（1882）には伊勢神宮が公的な暦（官暦）を発行することになった。明治時代は神道が国家宗教となったが、伊勢神宮（神宮司庁）は全国の神社の頂点として位置づけられた。神宮司庁でつくられた暦は全国の神社などを通じて頒布された。

ところが、この官暦には暦の醍醐味ともいえる暦注がなかった。人々は暦に書かれた情報を自分で解釈しなくてはならなかったのである。そのため、「お化け暦」と呼ばれる暦注が書かれた違法な暦が出回るようになった。お化け暦は見つかると没収され、版元は発禁処分を受けた。ただし、のちに1枚刷りの簡易的な暦注入りの暦は規制対象から外された。

明治時代から伊勢神宮でのみつくられた暦は、昭和20年（1945）によって大きく変わる。国家神道が廃止されると、伊勢神宮にのみ許可された官暦の規制は撤廃され、暦が自由化されたのである。一宗教法人になった伊勢神宮の暦は神宮暦として継続されるとともに、全国の神社仏閣のみならず、民間でも独自の暦がつくられるようになった。

『伊勢参宮名所図会』伊勢御師　国立国会図書館 蔵
御師（左）は苗字帯刀が許されて全国を巡り、伊勢信仰を広めるとともに伊勢暦を頒布した。

朝の情報番組の「今日の占い」

その日の吉凶を伝える朝の民放番組

平安時代の貴族たちは、具注暦をその日の生活指針とし、方忌みによって仕事を休んだり、家に籠(こも)ったりした。科学が発達した現代では滑稽(こっけい)に思えてしまうかもしれないが、その日の吉凶を気にする精神は現代人にもある。朝の民放のニュース番組の多くでは、生まれ月や星座などによる「今日の占い」でその運勢が紹介されているからだ。この「今日の占い」は具注暦の簡易版ともいえるだろう。「今日の占い」は良ければ気分がいいし、悪ければなんとなく落ち込むといった程度の人が多いだろうが、中には運勢の吉凶を強く気にする人もいる。こうしたことは平安時代でも変わらず、藤原道長が呪詛に怯え、安倍晴明などの陰陽師に頼ったのに対して、日記『小右記』を書いた藤原実資は呪詛に対してそれほど気にしていない様子がみられる。

宗家の祭祀を継承 天社土御門神道

陰陽道宗家の伝統を現代に伝える

江戸時代に陰陽道支配を確立した土御門家は、全国の陰陽師や占い師に許状を授ける特権を持っていたが、明治3年（1870）に天社禁止令が出され、土御門晴栄に通知された。土御門神道は廃絶されたわけだが、旧所領地だった名田庄（現在の福井県おおい町）では、密かに陰陽道が継承されていた。戦後、土御門範忠氏を管長、安倍家庶流の子孫である藤田家の藤田義男氏を庁長にして、天社土御門神道が宗教法人として復活した。泰山府君と安倍晴明を祭神として祀り、祭祀の他に「暦」の編纂が行われており、晴明神社（京都市上京区）などの陰陽道とゆかりの深い神社や、平安神宮（京都市左京区）や三十三間堂（京都市東山区）などに届けている。範忠氏が亡くなると土御門家の嫡流は途絶え、現在は藤田浩二氏が庁長となり、陰陽道を継承している。

高知県に残る民間陰陽道 いざなぎ流

全国にいた民間陰陽師の系譜

土佐国物部村（現在の高知県南国市）では、独自の陰陽道が発展した。その民間陰陽師の系譜を受け継いでいるのが、いざなぎ流である。いざなぎ流で読まれる祭文には神々の来歴があり、いざなぎ流の起源についても記されている。その昔、占いが得意な巫女が天竺（インド）まで行き、その地にいた神・いざなぎ様に24種の呪術を授かったという。この他、いざなぎ流には、天の神・オンザキ様、死者の霊・ミコ神様など独自の神々を祀る。いざなぎ流の呪術師は太夫と呼ばれ、式法によって病気平癒の祈禱をしたり、家や家族の災厄を祓う鎮宅、先祖供養などを行う。太夫は呪詛も行えると信じられているが、呪詛をすると太夫や依頼者、その子孫にまで災いが及ぶとされ、現在では行われていない。またかつては呪詛返しも行っていたと伝わる。

土御門家公認の民間陰陽師

いざなぎ流の大祭で大夫は白装束に花笠をかぶるという独特な姿となり、花笠の裏側には、陰陽道の魔除けのマークである五芒星（セーマン）と九字（ドーマン）が描かれている。また、かつては太夫が式王子という式神を使役していたとされ、陰陽道的な要素が多く見られる。

太夫が行う祈禱に「すその取り分け」というものである。「すそ」とは「呪詛」と書くが、呪いのみならず、憎しみや妬みといった負の感情や不浄の穢れまでも含むものである。この「すそ」が溜まらないように定期的に除去する儀式が「取り分け」である。陰陽道の祓えの儀式に通じるものといえるだろう。

いざなぎ流には独特な祭祀が多いことから、太夫が陰陽師であるか否かは議論が分かれていたが、近年、太夫を継承する旧家から、文政4年（1821）と文化10年（1813）の土御門家の許状が発見された。いざなぎ流は地方に奇跡的に残った民間陰陽道を継承したものだったのである。

エンタメ化する陰陽道の現在

世紀末に沸き起こった陰陽師ブーム

本書では、日本における陰陽道が時代とともにさまざまなものを習合し、変化してきた歴史をひもといた。陰陽寮に仕える陰陽師は、もともとは陰陽五行説などに基づいて吉凶を占い、天文観測や暦の作成などを行う地味な国家公務員だった。ところが、平安時代に陰陽師の呪術師化が進むと、陰陽師は上級貴族の暮らしを守る存在であるとともに、呪詛も担う「怪しげな存在」ともされた。『今昔物語集』や『宇治拾遺物語』といった説話集には、式神を自在に操り、時空を超えて未来を視たり、呪詛返しで相手を死に至らしめる陰陽師の姿が描かれている。こうした陰陽師への「憧れ」と得体の知れない者への「恐れ」は現在の私たちの陰陽師像と同じものだろう。

中世の民間陰陽師の中には、村から村へ渡り歩いて呪術を行う者たちもいた。民間陰陽師は新規の客に対して行うセールストークとして、超人的な呪術を行う「奇跡の物語」を次々に生み出していった。またこうした流浪の民間陰陽師は、客寄せや祈禱を演出するために踊りや音楽といった芸能も行った。こうした流れは江戸時代の浄瑠璃や歌舞伎につながり、陰陽師はエンターテインメントの一ジャンルとなったのである。ところが明治時代に陰陽道が禁止されると、陰陽師は歴史の表舞台から消え、長い間、一般の人々から忘れ去られるようになった。

この状況が一変する契機となったのが、小説『陰陽師』（夢枕 獏 著）だ。昭和63年（１９８８）に第1作が発売され、現在も続編が書かれるベストセラーになり、シリーズ累計は５００万部を超える。また同作は映画化され、『陰陽師』が平成13年（２００１）に、『陰陽師Ⅱ』が平成15年（２００３）に公開された。二つを合わせた観客動員数は約３００万人で、それまで歴史に埋もれてきた陰陽師の存在を誰もが知るようになった。令和6年（２０２４）4月には、若き安倍晴明を描いた『陰陽師0（ゼロ）』が公開される。

バブル崩壊後の１９９０年代には、心の拠り所を求めて怪しげな新宗教に多くの人々が加入し、オウム真理教によるテロ事件や法の華三法行（ほうのはなさんぼうぎょう）の詐欺事件などが起きた。また阪神・淡路大震災や神戸連続児童殺傷事件なども発生している。長引く不況による社会的閉塞感から、人々は１９９９年を終末論と結びつけた。陰陽師関連の研究書や解説書が多く出版されるようになったのはこの時期である。人々の間に目に見えざるものへの関心が高まる中で、陰陽師は再び注目されるようになったのである。この陰陽師ブームは、その後、落ち着きを見せるようになった。

キャラクター化する陰陽師たち

平成23年（２０１１）に東日本大震災が発生し、福島第一原子力発電所の事故が起きた。人々は人智の及ばない大規模災害に対する無力感や、突然大切な人や故郷を失う理不尽に直面した。被災地では怪談がリアルな文脈で語られ、また家族を失った多くの遺族が青森県の恐山（おそれざん）にいる死者の口寄せを行うイタコを訪れるようになった。目に見えないものへの恐れとそれを解決する呪術のニーズは、平成の時代にも変わらなかったのである。

さらに平成31年（２０１９）には新型コロナウイルスが発生。目に見えないものへの恐怖に人々は再び直面することになった。こうした中でブームとなったのが、マンガ『鬼滅の刃』（吾峠呼世晴（ごとうげこよはる）著）である。心の闇のために人間から鬼になった者と、同じような辛い経験をしながらも人間であり続ける主人公たちが戦う物語は、目に見えない新型コロナウイルスと戦う人々の心に共感をもたらしたことだろう。さらに〝ネクスト『鬼滅の刃』〟としてヒットした『呪術廻戦』（芥見下々〈あくたみげげ〉著）は、公務員的な立場の呪術師たちが、呪術を悪用する呪詛師や一般人には見えない魔物と戦う物語である。

２０００年前後と現在の陰陽師ブームとではやや異なる。２０００年前後のブームは、専門書的な解説本が主流であり、安倍晴明関連のものが多く、オカルト的な興味だったといえる。一方、現在の陰陽師は、小説の中でもライトノベルやマンガ、ゲームのキャラクターとして扱われることが多い。伝説上の魔術師同士のバトルゲームで、アニメやライトノベルなどにも展開している『Fateシリーズ』で、平成27年（２０１５）にリリースされた『Fate/Grand Order』では蘆屋道満がイケメン呪術師として登場している。近年では異世界に転生（生まれ変わること）した主人公が、前世でのスキルや知識を駆使して活躍する「異世界転生」モノが多くあるが、ライトノベル『最強陰陽師の異世界転生記』（小鈴危一 著）は陰陽師が現代に転生する物語であり、令和5年（２０２３）にはアニメ化もされた。江戸時代に陰陽師が魔を祓うスーパースターとして描かれたように、現代もまた陰陽道をエンターテインメントとして捉えるようになっているのである。

現代から消えた陰陽師

明治3年（1870）の天社禁止令によって、土御門家による陰陽師のライセンス（許状）の発行はなくなった。一方、戦後に天社土御門神道が宗教法人として登録されたように、事実上、陰陽道は解禁された。では陰陽道が大々的に復活したかというと、そうではない。現在まで残るのは、天社土御門神道やいざなぎ流といったわずかな例のみで、明治時代から終戦までの約50年間の歴史の断絶によって、陰陽道の体系化した理論やそれを継承する団体が失われてしまったからだ。

宗教者に対する公的な免許制度はないが、神社では全国の8万社の神社を統括する神社本庁という民間組織が神職資格を与えており、仏教でも各宗派の統括組織が僧侶の資格を発行している。ところが陰陽道では、官人陰陽師が所属した陰陽寮はすでになく、また陰陽師を教育する学校や認定する機関は、官民ともに存在しない（天社土御門神道でも陰陽師を名乗っていない）。そのため、現代における「陰陽師」はすべて自称ということになり、その知識や技術を判断する基準がないのである。

陰陽道ゆかりの神社仏閣を巡る

安倍晴明の偉業を今に伝える
晴明神社

平安京における人工河川だった堀川に架けられた一条戻橋のほど近くに晴明神社がある。社伝によれば、寛弘2年（1005）に没した安倍晴明の偉業を讃えて、66代一条天皇の命で晴明が住んでいた邸宅跡に創建されたと伝わる。ただし、長承元年（1132）に起きた安倍家嫡流の泰親と庶流の晴道との間で起きた相続争いの記録から、実際の邸宅は晴明神社の南西約500メートルの土御門町付近と考えられる。これは現在の京都ブライトンホテル南側一帯だ。邸宅内に建てられた晴明神社が応仁・文明の乱をはじめとする度重なる戦火によって現在地に遷座されたのだろう。社紋は晴明紋と呼ばれる五芒星であり、安倍晴明信仰の中心地となっている。

所在地 京都府京都市上京区晴明町806

陰陽道の最高神・泰山府君を祀る
赤山禅院

平安京の鬼門（北東）には比叡山延暦寺があり、赤山禅院はその塔頭（小院）である。寺伝によれば、天台宗の高僧・円仁が唐から帰国する遣唐使船が嵐に遭った際、赤山明神（泰山府君）が現れて一行を救ったことがあった。のちに円仁は亡くなる際に赤山明神を祀るよう弟子に遺言した。こうして仁和４年（８８８）、天台座主の安慧が赤山明神を祀ったのがはじまりである。赤山禅院は京都御所と鬼門方向である延暦寺を結ぶ線上に位置しており、拝殿の屋上には鬼門除けの霊獣である神猿像が置かれている。これは鬼門（丑寅）の反対方向の南西が「未申」のためだ。泰山府君が生死を司る神のため、赤山禅院は都七福神の福禄寿の寺ともされる。

所在地　京都府京都市左京区修学院開根坊町18

方位の神・大将軍神を祀る
大将軍八神社（だいしょうぐんはちじんじゃ）

延暦13年（794）に平安京が遷都された際、50代桓武天皇によって創建された。この地は大内裏の北西の角にあたり、陰陽道における天門（神が降臨する方位）とされた。大将軍神は方位を司る八将神のうち、最も恐ろしい神とされ、大将軍神がいる方位を犯すと災いが起きると考えられた。神仏習合の時代には大将軍神は日本神話のスサノオと同一視されたため、明治維新後の神道分離ではスサノオを主祭神とした。大将軍八神社には、重要文化財となっている80体の大将軍神像群が立体星曼荼羅として安置されている。大将軍信仰が隆盛した10～13世紀にかけてつくられたものである。陰陽道が伝えてきた方位神への恐れと力強さが感じられる。

所在地 京都府京都市上京区一条通御前通西入西町48

安倍家初代が創建した一族の氏寺 安倍文殊院（あべもんじゅいん）

文殊菩薩を本尊としており、日本三文殊の一つに数えられる。寺伝によれば、乙巳の変（645年）に貢献し、左大臣となった安倍倉梯麻呂が安倍家の氏寺として「安倍山崇敬寺（安倍寺）」を建立したのがはじまりとされる。安倍寺は現在の境内地の南西約300メートルの地にあり、大寺院として栄えていた。倉梯麻呂の子孫である安倍晴明の出生の寺とも伝わる。鎌倉時代に現在の地に移転し、本殿には仏師・快慶（かいけい）による文殊菩薩像が安置された。金閣浮御堂（写真）には、奈良時代の遣唐使・安倍仲麻呂と安倍晴明の木像が安置されている。また境内の小高い丘には晴明が天文観測をしたと伝わる展望台があり、安倍晴明を祀る晴明堂がある。

所在地 奈良県桜井市阿部645

熊野に通じる安倍氏の本拠地
阿倍王子神社（あべおうじじんじゃ）

古代の豪族・安倍氏の本拠地があった阿倍野にある神社で、奈良時代には安倍寺があった。伝承では「阿部寺千軒坊」と称されるほどの大寺だったという。安倍王子神社は熊野三山（熊野本宮大社・熊野速玉大社・熊野那智大社）の末社で、境内の西門を通っている阿倍野街道は、かつては熊野街道と呼ばれ、熊野三山へと通じている。熊野古道には九十九王子（つくもおうじ）と呼ばれる休憩所兼遥拝所が設けられ、阿倍王子は熊野詣の4番目の王子だった。平安時代以降、この地には多くの陰陽師たちが住んでいた。阿倍王子神社から50メートルほど北には、境外社の安倍晴明神社があり、京都の晴明神社と同じ寛弘4年（1007）の創建と伝えられる。

所在地 大阪府大阪市阿倍野区阿倍野元町9-4

安倍晴明の母「葛葉」伝説が残る 葛葉稲荷神社

正式には、「信太森神社」であり、創建は和銅元年（708）と伝えられる。この地は葛葉伝説で安倍晴明の父・保名が助けた狐が住んでいた信太の森とされる。この狐は人間に化けて保名の妻となり晴明を産んだ。祭神のウカノミタマは稲魂の意味であり、五穀豊穣の神とされる。食物の神は御食津神と呼ばれるが、これが「三狐」に通じることから、稲荷神の使いは狐とされる。社紋は3枚の葛の葉で、境内に生えていた異形の葛の葉をあらわしている。葛葉稲荷神社の北方には、同様の葛葉伝説を伝える聖神社（大阪府和泉市王子町919）がある。鳥居は熊野街道沿いにあり、近くには熊野詣の中継地点である「篠田王子」がある。

所在地 大阪府和泉市葛の葉町1-11-47

陰陽道の霊符の神・鎮宅霊符神を祀る

星田妙見宮（ほしだみょうけんぐう）

弘仁年間（８１０～８２４年）に空海がこの地を訪れ、岩窟で修行をしていた際、天から七曜の星（北斗七星）が降ってきた。七曜の星は三つに分かれて落ちたが、そのうちの一ヶ所が星田妙見宮の鎮座する妙見山と伝わる。妙見山の頂上にある影向石（ようごうせき）が落ちてきた星とされ、星田妙見宮のご神体になっており、本殿がない原始の信仰形態を現在に伝える。明治時代の神仏分離によって、祭神は宇宙の中心の神であるアメノミナカヌシなどの神道の神となったが、仏教の北辰妙見大菩薩、陰陽道の太上神仙鎮宅霊符神を同神としている。星田妙見宮には元治元年（１８６４）の「太上神仙鎮宅七十二霊符」の版木が残っており現在もこの霊符を頒布している。

所在地 大阪府交野市星田9-60-1

都落ちした安倍晴明が移り住んだ伝承地 上野天満宮（うえのてんまんぐう）

名古屋には都で政争に巻き込まれた安倍晴明が都落ちして、この地に移り住んだという伝承が残っている。社伝によれば、65代花山天皇の時代に晴明一族がこの地（上野）に移り住み、自らの境遇を大宰府に左遷された菅原道真になぞらえて、上野天満宮を創建した。道真を篤く信仰したことで、その後、晴明は都に復帰することができたという。上野天満宮から約700メートルの「晴明山（せいめいやま）」と呼ばれる地には晴明神社があり、上野に住んでいた晴明が呪術でマムシを駆除した伝承が残っている。晴明山には江戸時代に晴明塚や晴明屋敷があり、安永7年（1778）に晴明神社（愛知県名古屋市千種区清明山1−6）が創建された。

所在地 愛知県名古屋市千種区赤坂町4-89

安倍晴明創建と伝わる古社
五方山熊野神社（ごほうざんくまのじんじゃ）

社伝では、長保年間（999～1003年）に安倍晴明によって創建されたと伝わる。晴明は熊野の地で千日修行した伝承があり、花山天皇の那智での修行を妨害した天狗たちを岩窟に閉じ込めた。その後、3年間、花山天皇と修行したのち、晴明は清浄な聖地を求めて全国を巡り、この地を訪れ、熊野の神々を祀ったと伝わる。境内の周囲には中川が囲むように流れており、古くから水害が多い地域だった。そのため、境内地は陰陽五行説に則って三十間五角（一辺が約55メートルの正五角形）で、五芒星の結界によってこの地を守っている。現在も周囲の道路は正五角形になっている。また社紋は正五角形に熊野の神の化身の八咫烏（やたがらす）が描かれている。

所在地 東京都葛飾区立石8-44-31

安倍家の所領があった福井県に残る 晴明神社（せいめいじんじゃ）

応仁元年（1467）にはじまった応仁・文明の乱によって、安倍家は所領があった名田庄（現在の福井県おおい町）に移住した。そのため、福井県には安倍晴明の伝承地が多く残っている。敦賀市の晴明神社の社伝によれば、正暦年間（990〜995年）に晴明がこの地に移住して天文地理の研究を行ったとされ、拝殿にある六角形の霊石・祈念石は、晴明が占いに用いたものだという。建武4年（1337）、この地域が戦火に遭ったが、晴明神社はこの祈念石によって火災の被害を受けなかったという。また長徳年間（995〜999年）にこの地域で疫病が流行した際には晴明が祈禱を行ったため、住民たちは全員無事だったと伝わる。

所在地 福井県敦賀市相生町8

主な参考文献

『お咒い日和 その解説と実際』 加門七海 著 KADOKAWA
『大江戸魔方陣 徳川三百年を護った風水の謎』 加門七海 著 朝日新聞出版
『呪術の日本史』 加門七海 監修 宝島社
『別冊宝島 呪術と祈祷の日本史』 加門七海 監修 宝島社
『陰陽師とは何者か うらない、まじない、こよみをつくる』 国立歴史民俗博物館 編 小さ子社
『陰陽師たちの日本史』 斎藤英喜 著 KADOKAWA
『陰陽師とはなにか 被差別の原像を探る』 沖浦和光 著 河出書房新社
『陰陽師の解剖図鑑』 川合章子 著 エクスナレッジ
『陰陽道の本 日本史の闇を貫く秘儀・占術の系譜』 学研プラス
『呪術の本 禁断の呪詛法と闇の力の血脈』 学研プラス
『図解 陰陽師』 高平鳴海 編 新紀元社
『すぐわかる日本の呪術の歴史 縄文時代から現代まで』 武光誠 監修 東京美術
『陰陽道とは何か 日本史を呪縛する神秘の原理』 戸矢学 著 PHP研究所
『日本古代呪術 陰陽五行と日本原始信仰』 吉野裕子 著 講談社
『歴史群像シリーズ【安倍晴明】謎の陰陽師と平安京の光と影』 学研プラス
『安倍晴明 読本』 豊嶋泰國 著 原書房
『安倍晴明 謎の大陰陽師とその占術』 藤巻一保 著 学研プラス

『呪いの都 平安京 呪詛・呪術・陰陽師』 繁田信一 著　古川弘文館
『鎌倉殿と呪術 怨霊と怪異の幕府成立史』 島崎 晋 著　ワニブックス
『呪術と占星の戦国史』 小和田哲男 著　新潮社
『日本史リブレット 天文方と陰陽道』 林 淳 著　山川出版社
『江戸の陰陽師 天海のランドスケープデザイン』 宮元健次 著　人文書院
『見るだけで楽しめる！ まじないの文化史 日本の呪術を読み解く』 新潟県立歴史博物館 監修　河出書房新社
『呪術秘法の書 神仏呪法実践読本』 黒塚信一郎 著　豊嶋泰國 監修　原書房
『【図説】日本呪術全書』 豊島泰國 著　原書房
『呪いと日本人』 小松和彦 著　ＫＡＤＯＫＡＷＡ
『知の探究シリーズ 呪術・占いのすべて』 瓜生 中、渋谷申博 著　日本文芸社
『カラー版 地形と地理でわかる京都の謎』 青木 康、古川順弘 著　宝島社
『カラー版 地形と地理でわかる神社仏閣の謎』 古川順弘、青木 康 著　宝島社
『カラー版 地形と地理でわかる日本史の謎』 小和田哲男 監修　宝島社
『別冊宝島 古代史再検証 邪馬台国とは何か』 瀧音能之 監修　宝島社
『古墳で読み解く日本の古代史』 瀧音能之 監修　宝島社
『別冊宝島 密教入門』 宝島社
『禁断の美術でわかる宗教と性』 島田裕巳 監修　宝島社

監修　**加門七海**　かもん・ななみ

東京都墨田区生まれ。美術館学芸員を経て、1992年に『人丸調伏令』(朝日ソノラマ)で作家デビュー。オカルト・風水・民俗学などに造詣が深く、作品にもそれらの知識が反映されている。他の著書に『うわさの神仏 日本闇世界めぐり』『霊能動物館』『着物憑き』(以上、集英社)、『お祓い日和 その作法と実践』『お呪い日和 その解説と実際』『呪術講座 入門編』(以上、KADOKAWA)、『加門七海の鬼神伝説』(朝日新聞出版)、『神を創った男 大江匡房』(笠間書院)などがある。

STAFF
編集　青木 康(杜出版株式会社)
執筆協力　青木 康
装丁　AFTERGLOW
本文デザイン&DTP　川瀬 誠

陰陽師の日本史
2024年4月24日　第1刷発行

監　修　加門七海
発行人　関川 誠
発行所　株式会社宝島社
〒102-8388 東京都千代田区一番町25番地
電話(営業)03-3234-4621
(編集)03-3239-0927
https://tkj.jp

印刷・製本　サンケイ総合印刷株式会社

ISBN 978-4-299-05296-4